Bernd Wehren

Rätselhafte Wörter-Suchsel

Spielerisch den Grundwortschatz
von A bis Z festigen und verbessern

ab Klasse 2

Kopiervorlagen mit Lösungen

BRIGG Pädagogik

Gedruckt auf umweltbewusst gefertigtem, chlorfrei gebleichtem
und alterungsbeständigem Papier.

1. Auflage 2012
Nach den seit 2006 amtlich gültigen Regelungen der deutschen Rechtschreibung
© by Brigg Pädagogik Verlag GmbH, Augsburg

ISBN 978-3-87101-**837**-4   www.brigg-paedagogik.de

Inhaltsverzeichnis

Wörter-Suchsel und Lösungen

Einleitung

Die meisten Kinder kennen Wörter-Suchsel aus Rätselheften, Kinderzeitschriften usw. Man muss in einem Feld voller Buchstaben die dort versteckten Wörter suchen, entdecken und einkreisen.

In diesem Buch befinden sich **25 Wörter-Suchsel zum Grundwortschatz von A–Z**. In jedem Wörter-Suchsel sind 20 Wörter versteckt, die die Schüler finden, mit Bleistift einkreisen und aufschreiben sollen. Die Wörter im Suchsel können senkrecht, waagerecht, diagonal und rückwärts geschrieben stehen. Um den Schülern eine **Hilfe** bei dieser kniffeligen Suche zu geben, sind die jeweiligen Suchsel-Buchstaben fett gedruckt und grau hinterlegt. So ist beispielsweise der Buchstabe A im A-Wörter-Suchsel immer fett gedruckt und grau hinterlegt – unabhängig davon, ob er zu einem der gesuchten A-Wörter gehört oder nicht.
Damit die Schüler systematisch bei der Suche vorgehen und alle Wörter finden, sollten Sie die ersten Suchsel auf Folie kopieren und einige Wörter am OHP gemeinsam mit den Kindern einkreisen. Erfahrungsgemäß sind die Schüler dann sehr motiviert und können selbstständig weiterarbeiten.
Ergänzend zum Suchen und Schreiben der Wörter sollen die Schüler die gefundenen Wörter in den **Zusatzaufgaben** zunächst nach dem **Abc** ordnen und anschließend **Nonsens-Sätze** bilden, beispielsweise mit den A-Wörtern einen „A-Satz": *Alberne Affen angeln arglose Astronauten.* Dazu müssen sich die Schüler zuvor Adjektive und Verben mit a überlegen, um dann einen vollständigen A-Satz zu bilden. So wird neben der Rechtschreibung zugleich die Unterscheidung der Wortarten geübt und es entstehen lustige Nonsens-Sätze.

Zusätzlich befinden sich **Wörter-Suchsel zu 6 Verb-Wortfeldern und zu 6 Adjektiv-Wortfeldern** in diesem Buch, die Sie u. a. bei der Aufsatzerziehung einsetzen können. Als Hilfestellung sind hier die ersten beiden Buchstaben der zu suchenden Wörter angegeben.

Die jeweiligen **Lösungsseiten** sollten Sie kopieren, zu einem Heft zusammenheften oder -tackern und im Klassenraum auslegen, sodass die Schüler sich selbst kontrollieren können.
Sie können jedes Suchsel und die dazugehörige Lösung auch zusammen auf Vorder- und Rückseite kopieren und dann laminieren. So stellen Sie Wörter-Suchsel-Karteikarten für die Freiarbeit her, die die Schüler mit einem wasserlöslichen Folienstift beschriften können.

Mithilfe der Seite „Wörter-Suchsel selber erfinden und gestalten" (S. 80) können die Kinder auch **eigene Wörter-Suchsel** herstellen.

Wenn Ihre Schüler eine bestimmte Anzahl an Suchseln gelöst haben, erhalten sie zur Belohnung eine **Urkunde** (S. 5).

Die „Rätselhaften Wörter-Suchsel" können neben dem Deutsch- und Förderunterricht auch gezielt in der Wörterbuch- und Grundwortschatzarbeit, der Frei-, Wochenplan- und Stationenarbeit eingesetzt werden.

Somit üben die Schüler mithilfe der „Rätselhaften Wörter-Suchsel" 500 Wörter des Grundwortschatzes zu lesen, zu schreiben und nach dem Abc zu ordnen und zusätzlich ihren aktiven und passiven Wortschatz mithilfe der 12 Wortfeld-Suchsel zu verbessern.

Viel Spaß und Erfolg mit den „Rätselhaften Wörter-Suchseln" wünscht Ihnen und Ihren Schülern

Bernd Wehren

Rätselhafte Wörter-Suchsel

Urkunde

für

_____

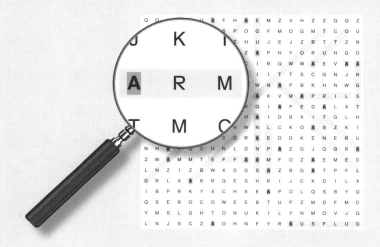

Du hast viele Wörter-Suchsel enträtselt,
zahlreiche Wörter gefunden und lustige Sätze
dazu aufgeschrieben.

Toll!

_____   _____
Ort, Datum   Unterschrift

1. Kreise die 20 „A-Wörter" mit Bleistift ein. 2. Schreibe sie auf.

Tipp: Suche die Anfangsbuchstaben im Suchsel und lese von da aus in alle Richtungen: oben, unten, links, rechts, diagonal.

```
Q Q C T K U A F H A E M Z V H Z Z Q Q Z
I Q P U M A A S P O G F M O G M T C O U
V C G A L S R F T H U J E J Z R T T Z N
E K M N P G E O X Z A P H Y O R U H G D
V W O O H L N L N C I R Q W W A E V A A
I G O R T S U G U A I I T T S C G N J N
S C B T M I L U K L W N A P B K H N W G
L F W S N Q J K I M A K V M A P R I L S
O J C A S F A R M R Q I A P E D A L X T
P S K I X P T M C H A I D B X I T G L H
T C T A B A Z G N W N L C K O A S Z K I
C N S K N L D C D R A E O D K E N E R U
N H A F Q O H N L D N P A Z G J Q G R A
Z W A M M T E F F A A M F O Z A E M E D
L N Z I Z B W X D D S A Z B G A T P F L
G R L X A R R Q E S H R I J C K D I L X
I B P R K Y X C H X E A P D L Q S B Y Q
Q S E R O C O W E E B T U P Z M D F M D
Y M S L G H T O N U K I L Y N M O V J Q
L N J S C Z A O H N F Y R A U S F L U G
```

1 _____ 2 _____ 3 _____ 4 _____

5 _____ 6 _____ 7 _____ 8 _____

9 _____ 10 _____ 11 _____ 12 _____

13 _____ 14 _____ 15 _____ 16 _____

17 _____ 18 _____ 19 _____ 20 _____

Zusatzaufgaben:

1. Ordne die Wörter nach dem Abc: A B C D E F G H I J K L M N O P Q R S T U V W X Y Z
2. Überlege dir mindestens ein Verb und ein Adjektiv mit „a" und bilde daraus zusammen mit den Nomen aus den Lösungswörtern einen „A-Satz".

Bernd Wehren: Rätselhafte Wörter-Suchsel · Best.Nr. 837
© Brigg Pädagogik Verlag GmbH, Augsburg

```
Q  Q  C  T  K  U  A  F  H  A  E  M  Z  V  H  Z  Z  Q  Q  Z
I  Q  P  U  M  A  A  S  P  O  G  F  M  O  G  M  T  C  O  U
V  C  G  A  L  S  R  F  T  H  U  J  E  J  Z  R  T  T  Z  N
E  K  M  N  P  G  E  O  X  Z  A  P  H  Y  O  R  U  H  G  D
V  W  O  O  H  L  N  L  N  C  I  R  Q  W  W  A  E  V  A  A
I  G  O  R  T  S  U  G  U  A  I  I  T  T  S  C  G  N  J  N
S  C  B  T  M  I  L  U  K  L  W  N  A  P  B  K  H  N  W  G
L  F  W  S  N  Q  J  K  I  M  A  K  V  M  A  P  R  I  L  S
O  J  C  A  S  F  A  R  M  R  Q  I  A  P  E  D  A  L  X  T
P  S  K  I  X  P  T  M  C  H  A  I  D  B  X  I  T  G  L  H
T  C  T  A  B  A  Z  G  N  W  N  L  C  K  O  A  S  Z  K  I
C  N  S  K  N  L  D  C  D  R  A  E  O  D  K  E  N  E  R  U
N  H  A  F  Q  O  H  N  L  D  N  P  A  Z  G  J  Q  G  R  A
Z  W  A  M  M  T  E  F  F  A  A  M  F  O  Z  A  E  M  E  D
L  N  Z  I  Z  B  W  X  D  D  S  A  Z  B  G  A  T  P  F  L
G  R  L  X  A  R  R  Q  E  S  H  R  I  J  C  K  D  I  L  X
I  B  P  R  K  Y  X  C  H  X  E  A  P  D  L  Q  S  B  Y  Q
Q  S  E  R  O  C  O  W  E  E  B  T  U  P  Z  M  D  F  M  D
Y  M  S  L  G  H  T  O  N  U  K  I  L  Y  N  M  O  V  J  Q
L  N  J  S  C  Z  A  O  H  N  F  Y  R  A  U  S  F  L  U  G
```

Die 20 Lösungswörter nach dem Abc geordnet:

1 ABEND	2 AFFE	3 AMEISE	4 AMPEL
5 ANANAS	6 ANFANG	7 ANGEL	8 ANGST
9 ANORAK	10 ANTWORT	11 APFEL	12 APRIL
13 ARM	14 ARZT	15 AST	16 ASTRONAUT
17 AUGE	18 AUGUST	19 AUSFLUG	20 AUTO

Bernd Wehren: Rätselhafte Wörter-Suchsel · Best.Nr. 837
© Brigg Pädagogik Verlag GmbH, Augsburg

1. Kreise die 20 „B-Wörter" mit Bleistift ein. 2. Schreibe sie auf.

Tipp: Suche die Anfangsbuchstaben im Suchsel und lese von da aus in alle Richtungen: oben, unten, links, rechts, diagonal.

```
H  Z  N  R  W  Q  Q  Q  K  B  D  S  K  G  B  W  Z  F  U  Y
S  B  T  O  O  B  G  A  U  K  K  A  J  B  D  R  E  U  B  F
R  R  L  Y  T  O  M  C  I  O  K  M  B  W  P  O  K  R  G  I
R  E  D  U  R  B  H  A  G  E  E  X  T  K  K  P  B  E  V  A
L  D  U  L  M  V  H  I  U  S  H  H  C  H  K  W  E  B  W  B
T  A  A  A  O  E  C  R  M  M  C  M  B  S  N  Z  S  J  Q  R
L  L  A  B  B  J  A  T  J  Z  W  D  X  O  R  E  E  P  F  O
T  B  T  O  O  Q  B  R  H  G  F  D  O  P  S  E  N  W  Q  T
A  E  S  A  M  B  J  Y  C  E  L  K  S  C  G  K  Y  H  N  L
M  S  G  U  A  H  V  J  R  G  N  U  B  D  B  E  Z  A  N  U
M  U  A  N  V  G  E  U  A  K  R  J  L  B  N  F  W  M  G  B
N  B  A  O  R  U  L  A  R  T  X  F  E  R  Y  W  F  N  R  L
D  N  H  W  Z  G  B  E  I  N  W  P  I  N  B  M  Y  I  I  T
E  T  O  J  B  X  Z  S  R  K  R  B  S  I  A  I  E  B  B  O
J  B  E  X  R  N  S  T  X  V  H  W  T  E  K  F  L  N  Z  Q
N  M  A  X  X  F  W  V  B  G  L  C  I  D  G  N  T  D  N  I
X  M  L  N  J  B  L  A  T  T  B  B  F  U  R  C  A  H  M  U
Q  L  Z  M  B  W  S  T  F  U  A  L  T  J  U  V  Z  B  B  X
C  O  Q  Q  T  H  K  R  Y  A  T  I  G  Y  W  R  K  V  G  Q
H  F  A  O  Y  E  Y  U  W  Y  Z  S  Z  D  G  W  E  Z  T  O
```

1 _____	2 _____	3 _____	4 _____
5 _____	6 _____	7 _____	8 _____
9 _____	10 _____	11 _____	12 _____
13 _____	14 _____	15 _____	16 _____
17 _____	18 _____	19 _____	20 _____

Zusatzaufgaben:

1. Ordne die Wörter nach dem Abc: A B C D E F G H I J K L M N O P Q R S T U V W X Y Z
2. Überlege dir mindestens ein Verb und ein Adjektiv mit „b" und bilde daraus zusammen mit den Nomen aus den Lösungswörtern einen „B-Satz".

Bernd Wehren: Rätselhafte Wörter-Suchsel · Best.Nr. 837
© Brigg Pädagogik Verlag GmbH, Augsburg

```
H  Z  N  R  W  Q  Q  Q  K  B  D  S  K  G  B  W  Z  F  U  Y
S  B  T  O  O  B  G  A  U  K  K  A  J  B  D  R  E  U  B  F
R  R  L  Y  T  O  M  C  I  O  K  M  B  W  P  O  K  R  G  I
R  E  D  U  R  B  H  A  G  E  E  X  T  K  K  P  B  E  V  A
L  D  U  L  M  V  H  I  U  S  H  H  C  H  K  W  E  B  W  B
T  A  A  A  O  E  C  R  M  M  C  M  B  S  N  Z  S  J  Q  R
L  L  A  B  B  J  A  T  J  Z  W  D  X  O  R  E  E  P  F  O
T  B  T  O  O  Q  B  R  H  G  F  D  O  P  S  E  N  W  Q  T
A  E  S  A  M  B  J  Y  C  E  L  K  S  C  G  K  Y  H  N  L
M  S  G  U  A  H  V  J  R  G  N  U  B  D  B  E  Z  A  N  U
M  U  A  N  V  G  E  U  A  K  R  J  L  B  N  F  W  M  G  B
N  B  A  O  R  U  L  A  R  T  X  F  E  R  Y  W  F  N  R  L
D  N  H  W  Z  G  B  E  I  N  W  P  I  N  B  M  Y  I  I  T
E  T  O  J  B  X  Z  S  R  K  R  B  S  I  A  I  E  B  B  O
J  B  E  X  R  N  S  T  X  V  H  W  T  E  K  F  L  N  Z  Q
N  M  A  X  X  F  W  V  B  G  L  C  I  D  G  N  T  D  N  I
X  M  L  N  J  B  L  A  T  T  B  B  F  U  R  C  A  H  M  U
Q  L  Z  M  B  W  S  T  F  U  A  L  T  J  U  V  Z  B  B  X
C  O  Q  Q  T  H  K  R  Y  A  T  I  G  Y  W  R  K  V  G  Q
H  F  A  O  Y  E  Y  U  W  Y  Z  S  Z  D  G  W  E  Z  T  O
```

Bernd Wehren: Rätselhafte Wörter-Suchsel · Best.-Nr. 837
© Brigg Pädagogik Verlag GmbH, Augsburg

Die 20 Lösungswörter nach dem Abc geordnet:

1 BACH	2 BAD	3 BALL	4 BANANE
5 BANK	6 BAUER	7 BAUM	8 BEIN
9 BERUF	10 BESEN	11 BILD	12 BIRNE
13 BLATT	14 BLEISTIFT	15 BLUME	16 BOOT
17 BRIEF	18 BROT	19 BRUDER	20 BUCH

1. Kreise die 20 „C-Wörter" mit Bleistift ein. 2. Schreibe sie auf.

Tipp: Suche die Anfangsbuchstaben im Suchsel und lese von da aus in alle Richtungen: oben, unten, links, rechts, diagonal.

C	C	G	T	C	C	Y	C	C	C	K	J	A	U	A	Q	C	B	O	L
S	U	O	N	E	E	R	T	G	H	A	L	Y	M	B	F	D	H	L	P
T	M	R	L	I	Y	X	S	C	A	E	M	G	V	L	V	I	T	O	C
Q	S	M	R	L	P	U	A	E	M	S	T	P	D	N	E	S	Y	O	R
W	G	T	B	Y	I	M	V	T	Ä	E	T	C	W	C	F	P	N	U	F
H	L	J	J	J	W	E	A	U	L	N	V	R	N	C	P	T	C	K	V
U	N	D	X	A	X	U	A	C	E	I	I	A	H	X	A	E	A	K	O
P	R	Y	U	U	R	B	R	E	O	H	H	A	S	I	Z	J	W	T	T
M	C	H	L	E	L	H	A	S	N	C	O	T	N	T	K	T	P	M	N
U	R	N	R	O	D	I	Y	T	T	S	A	E	V	K	T	C	N	U	K
S	E	A	N	I	H	C	X	X	M	M	R	Z	E	C	O	W	B	O	Y
U	M	U	U	W	N	C	O	R	N	F	L	A	K	E	S	C	J	E	P
S	E	H	F	X	O	K	K	L	A	E	H	T	Q	A	S	L	O	Y	C
W	F	G	R	R	W	L	H	T	F	K	J	S	Z	M	F	U	X	O	T
R	E	T	U	P	M	O	C	F	K	Y	R	C	H	E	F	B	L	N	K
S	N	P	X	O	N	M	T	S	F	C	D	X	K	V	N	A	E	P	B
X	J	Y	I	G	W	X	M	Z	L	I	I	Z	N	D	L	C	F	K	A
K	R	X	V	I	J	B	Z	E	D	M	Z	T	L	S	I	U	P	T	A
S	B	A	L	C	I	E	L	U	H	O	M	D	E	A	W	L	A	N	K
D	K	Y	P	I	W	Z	N	P	W	C	L	T	E	P	G	S	Q	U	L

1 _____	2 _____	3 _____	4 _____
5 _____	6 _____	7 _____	8 _____
9 _____	10 _____	11 _____	12 _____
13 _____	14 _____	15 _____	16 _____
17 _____	18 _____	19 _____	20 _____

Zusatzaufgaben:

1. Ordne die Wörter nach dem Abc: A B C D E F G H I J K L M N O P Q R S T U V W X Y Z
2. Überlege dir mindestens ein Verb und ein Adjektiv mit „c" und bilde daraus zusammen mit den Nomen aus den Lösungswörtern einen „C-Satz".

Bernd Wehren: Rätselhafte Wörter-Suchsel · Best.Nr. 837
© Brigg Pädagogik Verlag GmbH, Augsburg

C	C	G	T	C	C	Y	C	C	C	K	J	A	U	A	Q	C	B	O	L
S	U	O	N	E	E	R	T	G	H	A	L	Y	M	B	F	D	H	L	P
T	M	R	L	I	Y	X	S	C	A	E	M	G	V	L	V	I	T	O	C
Q	S	M	R	L	P	U	A	E	M	S	T	P	D	N	E	S	Y	O	R
W	G	T	B	Y	I	M	V	T	Ä	E	T	C	W	C	F	P	N	U	F
H	L	J	J	J	W	E	A	U	L	N	V	R	N	C	P	T	C	K	V
U	N	D	X	A	X	U	A	C	E	I	I	A	H	X	A	E	A	K	O
P	R	Y	U	U	R	B	R	E	O	H	H	A	S	I	Z	J	W	T	T
M	C	H	L	E	L	H	A	S	N	C	O	T	N	T	K	T	P	M	N
U	R	N	R	O	D	I	Y	T	T	S	A	E	V	K	T	C	N	U	K
S	E	A	N	I	H	C	X	X	M	M	R	Z	E	C	O	W	B	O	Y
U	M	U	U	W	N	C	O	R	N	F	L	A	K	E	S	C	J	E	P
S	E	H	F	X	O	K	K	L	A	E	H	T	Q	A	S	L	O	Y	C
W	F	G	R	R	W	L	H	T	F	K	J	S	Z	M	F	U	X	O	T
R	E	T	U	P	M	O	C	F	K	Y	R	C	H	E	F	B	L	N	K
S	N	P	X	O	N	M	T	S	F	C	D	X	K	V	N	A	E	P	B
X	J	Y	I	G	W	X	M	Z	L	I	I	Z	N	D	L	C	F	K	A
K	R	X	V	I	J	B	Z	E	D	M	Z	T	L	S	I	U	P	T	A
S	B	A	L	C	I	E	L	U	H	O	M	D	E	A	W	L	A	N	K
D	K	Y	P	I	W	Z	N	P	W	C	L	T	E	P	G	S	Q	U	L

Die 20 Lösungswörter nach dem Abc geordnet:

1	CAMPING	2	CENT	3	CHAMÄLEON	4	CHANCE
5	CHAOS	6	CHEF	7	CHINA	8	CHINESE
9	CHOR	10	CLOWN	11	CLUB	12	COLA
13	COLLIE	14	COMIC	15	COMPUTER	16	CONTAINER
17	CORNFLAKES	18	COWBOY	19	CREME	20	CURRYWURST

Bernd Wehren: Rätselhafte Wörter-Suchsel · Best.Nr. 837
© Brigg Pädagogik Verlag GmbH, Augsburg

1. Kreise die 20 „D-Wörter" mit Bleistift ein. 2. Schreibe sie auf.

Tipp: Suche die Anfangsbuchstaben im Suchsel und lese von da aus in alle Richtungen: oben, unten, links, rechts, diagonal.

```
H  D  I  J  F  Q  D  V  K  W  S  P  H  T  Q  R  R  G  B  D
C  K  O  D  W  K  H  E  Z  Y  T  L  O  C  D  E  O  X  U  A
A  Z  O  R  O  V  C  B  Z  G  A  S  B  I  S  I  T  K  R  T
D  D  O  R  F  O  D  S  A  E  K  B  R  A  Q  R  K  Z  M  U
K  R  D  E  T  E  K  T  I  V  M  I  R  U  E  U  O  E  C  M
E  L  J  W  C  I  S  Z  Y  R  G  B  L  F  D  A  D  V  R  S
V  W  C  K  Y  R  V  F  K  E  K  O  E  V  K  S  F  D  K  W
O  N  E  D  E  K  F  R  N  J  I  S  N  R  D  O  L  M  E  N
L  F  I  N  F  E  P  T  N  A  M  A  I  D  U  N  K  Z  E  L
D  T  N  F  K  C  E  R  D  K  U  O  X  N  V  I  M  Z  W  E
R  O  I  L  L  R  L  K  L  H  M  E  U  R  U  D  L  S  A  R
D  Z  M  S  J  E  W  B  U  A  G  X  D  C  Q  H  J  J  C  L
N  F  Y  I  Y  D  D  I  N  E  Z  B  I  S  I  D  I  U  O  F
D  R  F  K  N  G  I  Y  M  P  O  X  E  I  W  F  Y  N  Q  G
G  M  D  Q  O  O  D  A  N  R  L  F  N  R  A  A  O  H  K  S
J  L  K  L  K  C  D  L  S  O  Y  H  S  B  W  B  Y  K  E  J
Q  D  A  U  M  E  N  W  Q  P  D  U  T  V  N  L  A  U  B  Q
I  R  G  S  H  H  Y  E  I  D  B  N  A  U  N  T  A  R  D  K
V  G  R  F  I  D  V  L  T  P  L  X  G  Y  Z  D  I  E  B  Z
J  I  O  I  S  N  K  N  X  S  X  G  L  L  A  Z  X  X  G  A
```

1 _____	2 _____	3 _____	4 _____
5 _____	6 _____	7 _____	8 _____
9 _____	10 _____	11 _____	12 _____
13 _____	14 _____	15 _____	16 _____
17 _____	18 _____	19 _____	20 _____

Zusatzaufgaben:

1. Ordne die Wörter nach dem Abc: A B C D E F G H I J K L M N O P Q R S T U V W X Y Z
2. Überlege dir mindestens ein Verb und ein Adjektiv mit „d" und bilde daraus zusammen mit den Nomen aus den Lösungswörtern einen „D-Satz".

Bernd Wehren: Rätselhafte Wörter-Suchsel · Best.Nr. 837
© Brigg Pädagogik Verlag GmbH, Augsburg

H	D	I	J	F	Q	D	V	K	W	S	P	H	T	Q	R	R	G	B	D
C	K	O	D	W	K	H	E	Z	Y	T	L	O	C	D	E	O	X	U	A
A	Z	O	R	O	V	C	B	Z	G	A	S	B	I	S	I	T	K	R	T
D	D	O	R	F	O	D	S	A	E	K	B	R	A	Q	R	K	Z	M	U
K	R	D	E	T	E	K	T	I	V	M	I	R	U	E	U	O	E	C	M
E	L	J	W	C	I	S	Z	Y	R	G	B	L	F	D	A	D	V	R	S
V	W	C	K	Y	R	V	F	K	E	K	O	E	V	K	S	F	D	K	W
O	N	E	D	E	K	F	R	N	J	I	S	N	R	D	O	L	M	E	N
L	F	I	N	F	E	P	T	N	A	M	A	I	D	U	N	K	Z	E	L
D	T	N	F	K	C	E	R	D	K	U	O	X	N	V	I	M	Z	W	E
R	O	I	L	L	R	L	K	L	H	M	E	U	R	U	D	L	S	A	R
D	Z	M	S	J	E	W	B	U	A	G	X	D	C	Q	H	J	J	C	L
N	F	Y	I	Y	D	D	I	N	E	Z	B	I	S	I	D	I	U	O	F
D	R	F	K	N	G	I	Y	M	P	O	X	E	I	W	F	Y	N	Q	G
G	M	D	Q	O	O	D	A	N	R	L	F	N	R	A	A	O	H	K	S
J	L	K	L	K	C	D	L	S	O	Y	H	S	B	W	B	Y	K	E	J
Q	D	A	U	M	E	N	W	Q	P	D	U	T	V	N	L	A	U	B	Q
I	R	G	S	H	H	Y	E	I	D	B	N	A	U	N	T	A	R	D	K
V	G	R	F	I	D	V	L	T	P	L	X	G	Y	Z	D	I	E	B	Z
J	I	O	I	S	N	K	N	X	S	X	G	L	L	A	Z	X	X	G	A

Die 20 Lösungswörter nach dem Abc geordnet:

1 DACH	2 DAME	3 DATUM	4 DAUMEN
5 DECKE	6 DELFIN	7 DETEKTIV	8 DEZEMBER
9 DIAMANT	10 DIEB	11 DIENSTAG	12 DINOSAURIER
13 DIRIGENT	14 DOKTOR	15 DOMINO	16 DONNERSTAG
17 DORF	18 DRECK	19 DURST	20 DYNAMO

Bernd Wehren: Rätselhafte Wörter-Suchsel · Best.Nr. 837
© Brigg Pädagogik Verlag GmbH, Augsburg

1. Kreise die 20 „E-Wörter" mit Bleistift ein. 2. Schreibe sie auf.

Tipp: Suche die Anfangsbuchstaben im Suchsel und lese von da aus in alle Richtungen: oben, unten, links, rechts, diagonal.

```
P  E  I  V  G  S  Y  O  F  Q  E  Z  E  K  R  U  I  Z  M  E
V  X  S  J  Z  N  N  M  R  Y  G  P  L  N  T  U  T  P  I  T
E  O  G  S  Q  J  O  I  Z  L  B  E  L  H  R  V  C  N  P  I
E  Y  J  D  E  R  R  K  Z  E  I  O  B  E  C  E  G  K  A  D
O  I  Y  W  E  N  U  S  H  E  G  I  O  H  T  A  T  B  D  P
H  E  S  M  W  M  E  E  R  C  S  W  G  I  N  U  X  L  G  D
F  K  I  E  O  E  T  N  E  K  A  F  E  G  J  S  I  K  E  Q
P  E  V  A  N  C  U  Z  U  E  M  R  N  E  N  G  E  L  F  M
K  F  D  M  M  B  Y  J  X  H  S  O  V  H  U  M  Y  C  T  M
N  C  G  A  D  Y  A  O  N  K  Y  O  U  F  B  X  B  T  M  N
V  Q  K  I  U  Z  D  H  D  T  G  E  W  G  W  X  Z  E  N  F
I  K  H  R  W  H  I  Q  N  A  W  Q  W  D  M  F  F  C  S  I
T  J  P  A  Y  D  V  E  D  S  P  J  M  M  I  F  S  N  A  C
S  A  I  T  N  A  F  E  L  E  S  I  E  V  S  S  N  V  G  M
E  S  E  L  D  L  F  K  D  G  N  X  Y  X  C  V  J  O  U  E
L  E  T  C  L  G  O  T  I  R  G  X  A  D  G  P  B  W  E  U
B  N  E  C  E  U  R  T  I  H  E  Z  U  J  Y  Y  P  Q  N  P
V  M  G  L  Z  I  G  J  O  U  I  Y  R  D  Q  N  U  R  D  N
I  C  U  S  Y  W  J  R  Y  H  Z  F  I  O  J  Y  Q  H  E  L
Z  E  H  N  M  D  E  Y  G  A  B  H  U  K  H  N  O  Y  H  A
```

1 _____	2 _____	3 _____	4 _____
5 _____	6 _____	7 _____	8 _____
9 _____	10 _____	11 _____	12 _____
13 _____	14 _____	15 _____	16 _____
17 _____	18 _____	19 _____	20 _____

Zusatzaufgaben:

1. Ordne die Wörter nach dem Abc: A B C D E F G H I J K L M N O P Q R S T U V W X Y Z

2. Überlege dir mindestens ein Verb und ein Adjektiv mit „e" und bilde daraus zusammen mit den Nomen aus den Lösungswörtern einen „E-Satz".

Bernd Wehren: Rätselhafte Wörter-Suchsel · Best.Nr. 837
© Brigg Pädagogik Verlag GmbH, Augsburg

```
P  E  I  V  G  S  Y  O  F  Q  E  Z  E  K  R  U  I  Z  M  E
V  X  S  J  Z  N  N  M  R  Y  G  P  L  N  T  U  T  P  I  T
E  O  G  S  Q  J  O  I  Z  L  B  E  L  H  R  V  C  N  P  I
E  Y  J  D  E  R  R  K  Z  E  I  O  B  E  C  E  G  K  A  D
O  I  Y  W  E  N  U  S  H  E  G  I  O  H  T  A  T  B  D  P
H  E  S  M  W  M  E  E  R  C  S  W  G  I  N  U  X  L  G  D
F  K  I  E  O  E  T  N  E  K  A  F  E  G  J  S  I  K  E  Q
P  E  V  A  N  C  U  Z  U  E  M  R  N  E  N  G  E  L  F  M
K  F  D  M  M  B  Y  J  X  H  S  O  V  H  U  M  Y  C  T  M
N  C  G  A  D  Y  A  O  N  K  Y  O  U  F  B  X  B  T  M  N
V  Q  K  I  U  Z  D  H  D  T  G  E  W  G  W  X  Z  E  N  F
I  K  H  R  W  H  I  Q  N  A  W  Q  W  D  M  F  F  C  S  I
T  J  P  A  Y  D  V  E  D  S  P  J  M  M  I  F  S  N  A  C
S  A  I  T  N  A  F  E  L  E  S  I  E  V  S  S  N  V  G  M
E  S  E  L  D  L  F  K  D  G  N  X  Y  X  C  V  J  O  U  E
L  E  T  C  L  G  O  T  I  R  G  X  A  D  G  P  B  W  E  U
B  N  E  C  E  U  R  T  I  H  E  Z  U  J  Y  Y  P  Q  N  P
V  M  G  L  Z  I  A  B  J  O  U  I  Y  R  D  Q  N  U  D  N
I  C  U  S  Y  W  J  R  Y  H  Z  F  I  O  J  Y  Q  H  E  L
Z  E  H  N  M  D  E  Y  G  A  B  H  U  K  H  N  O  Y  H  A
```

Die 20 Lösungswörter nach dem Abc geordnet:

1 ECKE	2 EHE	3 EIER	4 EIMER
5 EINGANG	6 EIS	7 EISENBAHN	8 ELEFANT
9 ELLBOGEN	10 ELTERN	11 ENDE	12 ENGEL
13 ENTE	14 ERDE	15 ESEL	16 ESKIMO
17 ESSEN	18 ETUI	19 EULE	20 EURO

1. Kreise die 20 „F-Wörter" mit Bleistift ein. 2. Schreibe sie auf.

Tipp: Suche die Anfangsbuchstaben im Suchsel und lese von da aus in alle Richtungen: oben, unten, links, rechts, diagonal.

U	O	F	T	A	A	E	F	P	K	T	E	H	B	W	B	N	A	F	E
P	U	X	W	V	H	G	G	R	Y	K	I	W	Y	F	Q	X	A	R	K
C	S	E	M	C	J	K	U	Y	E	N	E	D	A	F	L	B	I	A	U
O	C	N	S	F	I	N	G	E	R	U	Q	T	K	S	Z	Y	B	U	O
N	J	A	C	P	X	V	B	C	S	U	N	H	R	J	H	E	S	E	N
P	L	O	R	N	N	F	Y	C	F	U	S	D	E	Q	U	T	C	C	T
F	Z	G	H	O	W	X	N	I	A	C	W	Z	T	E	K	Q	U	T	V
A	A	H	W	G	M	O	E	G	M	B	K	H	S	D	Y	I	V	X	Q
J	S	Q	Q	F	U	N	T	T	I	F	S	O	N	O	T	O	F	Q	M
W	G	G	P	W	R	F	D	Y	L	A	I	P	E	I	R	F	G	E	F
A	N	B	Q	D	R	C	N	Z	I	H	R	L	F	C	E	R	D	R	W
T	M	Q	Z	E	W	V	U	E	E	F	C	M	M	S	U	O	O	N	G
X	H	H	I	G	F	Q	W	X	D	C	O	K	T	U	L	S	Z	C	Y
N	F	T	F	E	M	S	N	A	F	E	C	Y	I	T	C	J	Q	U	T
E	A	C	E	A	L	K	X	E	K	I	I	A	M	H	O	H	Y	K	Y
G	W	H	R	E	R	R	T	P	T	J	L	R	A	M	R	O	C	N	U
M	B	R	I	N	B	Ö	W	E	S	N	Q	E	F	U	E	J	G	S	D
U	S	G	E	W	L	R	X	R	A	U	R	B	E	F	U	V	Y	W	U
S	U	I	N	F	S	K	A	F	L	U	S	S	V	F	E	D	T	X	J
K	M	K	J	I	D	M	C	F	F	P	F	Z	U	H	F	S	T	Z	P

1 _____	2 _____	3 _____	4 _____
5 _____	6 _____	7 _____	8 _____
9 _____	10 _____	11 _____	12 _____
13 _____	14 _____	15 _____	16 _____
17 _____	18 _____	19 _____	20 _____

Zusatzaufgaben:

1. Ordne die Wörter nach dem Abc: A B C D E F G H I J K L M N O P Q R S T U V W X Y Z
2. Überlege dir mindestens ein Verb und ein Adjektiv mit „f" und bilde daraus zusammen mit den Nomen aus den Lösungswörtern einen „F-Satz".

Bernd Wehren: Rätselhafte Wörter-Suchsel · Best.Nr. 837
© Brigg Pädagogik Verlag GmbH, Augsburg

U	O	F	T	A	A	E	F	P	K	T	E	H	B	W	B	N	A	F	E
P	U	X	W	V	H	G	G	R	Y	K	I	W	Y	F	Q	X	A	R	K
C	S	E	M	C	J	K	U	Y	E	N	E	D	A	F	L	B	I	A	U
O	C	N	S	F	I	N	G	E	R	U	Q	T	K	S	Z	Y	B	U	O
N	J	A	C	P	X	V	B	C	S	U	N	H	R	J	H	E	S	E	N
P	L	O	R	N	N	F	Y	C	F	U	S	D	E	Q	U	T	C	C	T
F	Z	G	H	O	W	X	N	I	A	C	W	Z	T	E	K	Q	U	T	V
A	A	H	W	G	M	O	E	G	M	B	K	H	S	D	Y	I	V	X	Q
J	S	Q	Q	F	U	N	T	T	I	F	S	O	N	O	T	O	F	Q	M
W	G	G	P	W	R	F	D	Y	L	A	I	P	E	I	R	F	G	E	F
A	N	B	Q	D	R	C	N	Z	I	H	R	L	F	C	E	R	D	R	W
T	M	Q	Z	E	W	V	U	E	E	F	C	M	M	S	U	O	O	N	G
X	H	H	I	G	F	Q	W	X	D	C	O	K	T	U	L	S	Z	C	Y
N	F	T	F	E	M	S	N	A	F	E	C	Y	I	T	C	J	Q	U	T
E	A	C	E	A	L	K	X	E	K	I	I	A	M	H	O	H	Y	K	Y
G	W	H	R	E	R	R	T	P	T	J	L	R	A	M	R	O	C	N	U
M	B	R	I	N	B	Ö	W	E	S	N	Q	E	F	U	E	J	G	S	D
U	S	G	E	W	L	R	X	R	A	U	R	B	E	F	U	V	Y	W	U
S	U	I	N	F	S	K	A	F	L	U	S	S	V	F	E	D	T	X	J
K	M	K	J	I	D	M	C	F	F	P	F	Z	U	H	F	S	T	Z	P

Die 20 Lösungswörter nach dem Abc geordnet:

1 FADEN	2 FAMILIE	3 FARBE	4 FEBRUAR
5 FEE	6 FENSTER	7 FERIEN	8 FEST
9 FEUER	10 FILM	11 FINGER	12 FLASCHE
13 FLÖTE	14 FLUSS	15 FOTO	16 FRAU
17 FREITAG	18 FREUND	19 FRIEDEN	20 FROSCH

Bernd Wehren: Rätselhafte Wörter-Suchsel · Best.Nr. 837
© Brigg Pädagogik Verlag GmbH, Augsburg

1. Kreise die 20 „G-Wörter" mit Bleistift ein. 2. Schreibe sie auf.

Tipp: Suche die Anfangsbuchstaben im Suchsel und lese von da aus in alle Richtungen: oben, unten, links, rechts, diagonal.

```
G  E  F  Ä  N  G  N  I  S  G  T  E  G  N  D  U  R  T  G  R
B  M  R  E  E  R  V  V  A  S  T  U  E  G  E  Q  H  A  J  Z
P  U  W  N  D  W  R  G  I  H  G  T  S  L  T  T  B  X  C  P
G  I  O  P  J  R  S  E  C  A  O  R  P  A  N  E  R  K  B  I
C  I  T  E  B  E  G  I  R  N  L  U  E  S  L  G  O  A  X  K
E  B  H  T  A  K  H  D  Z  N  D  B  N  A  Q  O  E  K  G  G
W  J  P  A  T  C  I  K  Q  E  Q  E  S  E  P  F  W  L  R  U
X  G  K  Z  S  N  B  R  O  G  K  G  T  J  G  R  Z  K  D  I
L  Z  M  E  E  R  K  V  W  I  D  Y  W  K  Q  M  Q  M  R  R
G  I  G  G  H  Z  K  C  X  E  Y  Y  P  F  G  K  I  X  Y  I
G  V  W  A  W  N  R  I  Ü  G  U  Y  D  E  S  X  E  K  G  Y
L  E  F  G  E  H  I  R  N  L  W  J  L  P  I  H  C  Z  T  S
X  E  S  G  T  J  G  S  K  O  G  J  L  H  G  U  X  P  D  R
G  Y  Y  C  G  H  O  V  G  N  C  P  G  U  V  T  Y  S  E  Q
T  G  C  J  H  D  Q  M  Ü  T  U  T  J  E  W  K  F  G  O  O
D  M  A  U  S  E  B  R  R  Y  G  N  H  S  M  P  A  K  K  K
C  B  F  B  B  M  N  J  T  T  C  K  S  N  M  Ü  J  R  A  Y
T  H  C  I  W  E  G  K  E  G  A  N  S  L  H  B  S  M  Z  K
V  G  X  K  Z  S  Y  Y  L  G  G  N  E  G  R  I  V  E  J  I
R  A  C  F  W  A  P  M  U  F  L  D  U  O  M  Y  X  D  J  Q
```

1 _____   2 _____   3 _____   4 _____

5 _____   6 _____   7 _____   8 _____

9 _____   10 _____   11 _____   12 _____

13 _____   14 _____   15 _____   16 _____

17 _____   18 _____   19 _____   20 _____

Zusatzaufgaben:

1. Ordne die Wörter nach dem Abc: A B C D E F G H I J K L M N O P Q R S T U V W X Y Z
2. Überlege dir mindestens ein Verb und ein Adjektiv mit „g" und bilde daraus zusammen mit den Nomen aus den Lösungswörtern einen „G-Satz".

Bernd Wehren: Rätselhafte Wörter-Suchsel · Best.Nr. 837
© Brigg Pädagogik Verlag GmbH, Augsburg

G	E	F	Ä	N	G	N	I	S	G	T	E	G	N	D	U	R	T	G	R
B	M	R	E	E	R	V	V	A	S	T	U	E	G	E	Q	H	A	J	Z
P	U	W	N	D	W	R	G	I	H	G	T	S	L	T	T	B	X	C	P
G	I	O	P	J	R	S	E	C	A	O	R	P	A	N	E	R	K	B	I
C	I	T	E	B	E	G	I	R	N	L	U	E	S	L	G	O	A	X	K
E	B	H	T	A	K	H	D	Z	N	D	B	N	A	Q	O	E	K	G	G
W	J	P	A	T	C	I	K	Q	E	Q	E	S	E	P	F	W	L	R	U
X	G	K	Z	S	N	B	R	O	G	K	G	T	J	G	R	Z	K	D	I
L	Z	M	E	E	R	K	V	W	I	D	Y	W	K	Q	M	Q	M	R	R
G	I	G	G	H	Z	K	C	X	E	Y	Y	P	F	G	K	I	X	Y	I
G	V	W	A	W	N	R	I	Ü	G	U	Y	D	E	S	X	E	K	G	Y
L	E	F	G	E	H	I	R	N	L	W	J	L	P	I	H	C	Z	T	S
X	E	S	G	T	J	G	S	K	O	G	J	L	H	G	U	X	P	D	R
G	Y	Y	C	G	H	O	V	G	N	C	P	G	U	V	T	Y	S	E	Q
T	G	C	J	H	D	Q	M	Ü	T	U	T	J	E	W	K	F	G	O	O
D	M	A	U	S	E	B	R	R	Y	G	N	H	S	M	P	A	K	K	K
C	B	F	B	B	M	N	J	T	T	C	K	S	N	M	Ü	J	R	A	Y
T	H	C	I	W	E	G	K	E	G	A	N	S	L	H	B	S	M	Z	K
V	G	X	K	Z	S	Y	Y	L	G	G	N	E	G	R	I	V	E	J	I
R	A	C	F	W	A	P	M	U	F	L	D	U	O	M	Y	X	D	J	Q

Die 20 Lösungswörter nach dem Abc geordnet:

1 GABEL	2 GANS	3 GARDINE	4 GARTEN
5 GEBET	6 GEBURT	7 GEFAHR	8 GEFÄNGNIS
9 GEHIRN	10 GEIGE	11 GEIST	12 GELD
13 GEMÜSE	14 GESCHENK	15 GESCHICHTE	16 GESPENST
17 GEWICHT	18 GLAS	19 GLÜCK	20 GÜRTEL

Bernd Wehren: Rätselhafte Wörter-Suchsel · Best.Nr. 837
© Brigg Pädagogik Verlag GmbH, Augsburg

1. Kreise die 20 „H-Wörter" mit Bleistift ein. 2. Schreibe sie auf.

Tipp: Suche die Anfangsbuchstaben im Suchsel und lese von da aus in alle Richtungen: oben, unten, links, rechts, diagonal.

```
S  Q  H  X  U  L  E  R  H  R  Z  I  H  H  S  T  R  N  D  A
R  K  B  O  Z  Q  H  A  E  L  G  I  E  Y  A  P  W  Q  M  U
V  I  N  H  A  H  Y  U  O  E  L  M  T  U  G  E  Z  I  A  E
L  H  I  M  M  E  L  H  N  F  D  A  D  L  A  P  H  U  N  V
I  N  W  J  E  Z  R  O  E  D  N  D  J  X  O  G  E  A  H  U
P  A  H  Y  A  K  R  F  D  X  A  S  V  C  V  Q  F  G  N  T
S  A  E  L  Y  F  D  E  K  B  H  G  E  E  J  S  T  U  S  I
A  T  C  R  H  A  C  G  H  C  N  L  E  Q  X  G  F  B  R  S
F  D  N  H  M  D  T  T  E  M  U  T  X  E  K  B  R  W  Y  P
I  O  M  F  U  A  H  H  W  A  V  M  H  U  G  E  X  B  R  K
O  H  A  U  S  N  G  E  C  E  O  E  Y  Y  H  G  Q  T  H  B
V  S  L  C  R  S  G  R  R  E  H  X  A  R  G  K  U  V  K  C
O  O  J  W  I  C  O  E  K  W  N  E  P  M  F  U  U  D  Y  V
N  W  B  T  G  F  O  V  R  N  L  H  G  A  O  S  O  M  G  R
S  O  J  L  J  U  D  W  H  E  P  K  F  S  L  V  L  L  U  F
R  H  P  V  A  V  O  O  A  W  H  O  S  E  J  G  C  A  W  V
Q  Y  A  S  H  J  P  H  A  H  Q  F  E  K  F  A  N  H  H  F
Y  X  C  U  H  N  V  S  R  P  J  S  J  E  C  M  F  U  D  B
G  F  L  K  T  Z  E  K  E  G  A  I  T  A  W  Q  H  T  K  Z
U  J  T  M  Y  D  U  F  J  H  L  O  H  L  O  I  S  A  O  I
```

1 _____	2 _____	3 _____	4 _____
5 _____	6 _____	7 _____	8 _____
9 _____	10 _____	11 _____	12 _____
13 _____	14 _____	15 _____	16 _____
17 _____	18 _____	19 _____	20 _____

Zusatzaufgaben:

1. Ordne die Wörter nach dem Abc: A B C D E F G H I J K L M N O P Q R S T U V W X Y Z
2. Überlege dir mindestens ein Verb und ein Adjektiv mit „h" und bilde daraus zusammen mit den Nomen aus den Lösungswörtern einen „H-Satz".

Bernd Wehren: Rätselhafte Wörter-Suchsel · Best.Nr. 837
© Brigg Pädagogik Verlag GmbH, Augsburg

```
S  Q  H  X  U  L  E  R  H  R  Z  I  H  H  S  T  R  N  D  A
R  K  B  O  Z  Q  H  A  E  L  G  I  E  Y  A  P  W  Q  M  U
V  I  N  H  A  H  Y  U  O  E  L  M  T  U  G  E  Z  I  A  E
L  H  I  M  M  E  L  H  N  F  D  A  D  L  A  P  H  U  N  V
I  N  W  J  E  Z  R  O  E  D  N  D  J  X  O  G  E  A  H  U
P  A  H  Y  A  K  R  F  D  X  A  S  V  C  V  Q  F  G  N  T
S  A  E  L  Y  F  D  E  K  B  H  G  E  E  J  S  T  U  S  I
A  T  C  R  H  A  C  G  H  C  N  L  E  Q  X  G  F  B  R  S
F  D  N  H  M  D  T  T  E  M  U  T  X  E  K  B  R  W  Y  P
I  O  M  F  U  A  H  H  W  A  V  M  H  U  G  E  X  B  R  K
O  H  A  U  S  N  G  E  C  E  O  E  Y  Y  H  G  Q  T  H  B
V  S  L  C  R  S  G  R  R  E  H  X  A  R  G  K  U  V  K  C
O  O  J  W  I  C  O  E  K  W  N  E  P  M  F  U  U  D  Y  V
N  W  B  T  G  F  O  V  R  N  L  H  G  A  O  S  O  M  G  R
S  O  J  L  J  U  D  W  H  E  P  K  F  S  L  V  L  L  U  F
R  H  P  V  A  V  O  O  A  W  H  O  S  E  J  G  C  A  W  V
Q  Y  A  S  H  J  P  H  A  H  Q  F  E  K  F  A  N  H  H  F
Y  X  C  U  H  N  V  S  R  P  J  S  J  E  C  M  F  U  D  B
G  F  L  K  T  Z  E  K  E  G  A  I  T  A  W  Q  H  T  K  Z
U  J  T  M  Y  D  U  F  J  H  L  O  H  L  O  I  S  A  O  I
```

Die 20 Lösungswörter nach dem Abc geordnet:

1 HAARE	2 HAHN	3 HALS	4 HAND
5 HASE	6 HAUS	7 HAUT	8 HEFT
9 HEMD	10 HERBST	11 HERR	12 HERZ
13 HEXE	14 HILFE	15 HIMMEL	16 HOLZ
17 HOSE	18 HUND	19 HUNGER	20 HUT

Bernd Wehren: Rätselhafte Wörter-Suchsel · Best.Nr. 837
© Brigg Pädagogik Verlag GmbH, Augsburg

1. Kreise die 20 „I-Wörter" mit Bleistift ein. 2. Schreibe sie auf.

Tipp: Suche die Anfangsbuchstaben im Suchsel und lese von da aus in alle Richtungen: oben, unten, links, rechts, diagonal.

```
E  Q  H  V  M  D  L  U  I  R  P  W  I  N  T  E  R  N  E  T
B  Z  G  I  L  E  R  R  N  B  O  N  I  N  M  I  X  L  S  I
G  V  S  Y  A  L  E  R  F  D  S  T  W  T  M  H  O  O  S  M
I  S  P  R  Z  N  D  P  O  T  O  S  K  B  A  P  U  L  E  P
U  N  S  G  A  X  W  O  R  J  Y  D  I  E  Z  L  L  S  R  F
Y  I  L  I  E  E  T  U  M  F  L  S  L  B  P  G  I  Y  E  U
N  J  D  I  B  O  M  P  A  P  S  E  Y  P  Q  S  J  E  T  N
U  N  C  D  N  E  V  N  T  W  E  I  V  R  E  T  N  I  N  G
I  T  X  Q  N  E  A  Q  I  E  I  V  D  D  L  T  G  I  I  V
H  I  G  T  Z  U  S  I  O  Z  U  T  P  Z  N  I  M  K  Q  N
X  O  M  K  L  V  G  K  N  O  T  Q  W  B  J  A  T  V  I  N
U  R  L  M  E  X  S  Y  A  D  B  J  V  J  A  O  L  A  I  P
U  W  N  H  F  I  I  D  M  T  N  I  D  I  O  T  Y  R  C  T
Y  O  I  X  H  D  L  U  T  K  E  S  N  I  M  J  Z  J  I  D
Z  H  N  E  E  Z  A  Q  G  M  K  S  A  N  Q  K  L  V  R  T
V  E  S  E  V  B  O  M  R  S  K  Z  I  N  C  S  E  W  W  L
E  N  E  U  H  L  C  C  Q  E  B  Y  C  D  K  N  Y  R  D  A
A  B  L  F  R  S  I  R  X  I  X  E  X  Z  G  E  Z  Z  U  H
H  O  L  B  S  Z  P  M  A  U  E  Z  A  E  X  J  L  Q  P  N
H  W  Z  D  E  Z  N  Y  U  I  M  Q  L  E  G  I  K  S  S  I
```

1 _____	2 _____	3 _____	4 _____
5 _____	6 _____	7 _____	8 _____
9 _____	10 _____	11 _____	12 _____
13 _____	14 _____	15 _____	16 _____
17 _____	18 _____	19 _____	20 _____

Zusatzaufgaben:

1. Ordne die Wörter nach dem Abc: A B C D E F G H I J K L M N O P Q R S T U V W X Y Z
2. Überlege dir mindestens ein Verb und ein Adjektiv mit „i" und bilde daraus zusammen mit den Nomen aus den Lösungswörtern einen „I-Satz".

Bernd Wehren: Rätselhafte Wörter-Suchsel · Best.Nr. 837
© Brigg Pädagogik Verlag GmbH, Augsburg

```
E  Q  H  V  M  D  L  U  I  R  P  W  I  N  T  E  R  N  E  T
B  Z  G  I  L  E  R  R  N  B  O  N  I  N  M  I  X  L  S  I
G  V  S  Y  A  L  E  R  F  D  S  T  W  T  M  H  O  O  S  M
I  S  P  R  Z  N  D  P  O  T  O  S  K  B  A  P  U  L  E  P
U  N  S  G  A  X  W  O  R  J  Y  D  I  E  Z  L  L  S  R  F
Y  I  L  I  E  E  T  U  M  F  L  S  L  B  P  G  I  Y  E  U
N  J  D  I  B  O  M  P  A  P  S  E  Y  P  Q  S  J  E  T  N
U  N  C  D  N  E  V  N  T  W  E  I  V  R  E  T  N  I  N  G
I  T  X  Q  N  E  A  Q  I  E  I  V  D  D  L  T  G  I  I  V
H  I  G  T  Z  U  S  I  O  Z  U  T  P  Z  N  I  M  K  Q  N
X  O  M  K  L  V  G  K  N  O  T  Q  W  B  J  A  T  V  I  N
U  R  L  M  E  X  S  Y  A  D  B  J  V  J  A  O  L  A  I  P
U  W  N  H  F  I  I  D  M  T  N  I  D  I  O  T  Y  R  C  T
Y  O  I  X  H  D  L  U  T  K  E  S  N  I  M  J  Z  J  I  D
Z  H  N  E  E  Z  A  Q  G  M  K  S  A  N  Q  K  L  V  R  T
V  E  S  E  V  B  O  M  R  S  K  Z  I  N  C  S  E  W  W  L
E  N  E  U  H  L  C  C  Q  E  B  Y  C  D  K  N  Y  R  D  A
A  B  L  F  R  S  I  R  X  I  X  E  X  Z  G  E  Z  Z  U  H
H  O  L  B  S  Z  P  M  A  U  E  Z  A  E  X  J  L  Q  P  N
H  W  Z  D  E  Z  N  Y  U  I  M  Q  L  E  G  I  K  S  S  I
```

Die 20 Lösungswörter nach dem Abc geordnet:

1 IDEE	2 IDIOT	3 IGEL	4 IMBISS
5 IMKER	6 IMPFUNG	7 INDIANER	8 INFORMATION
9 INHALT	10 INLINESKATES	11 INSEKT	12 INSEL
13 INSPEKTOR	14 INSTRUMENT	15 INTERESSE	16 INTERNET
17 INTERVIEW	18 IRLAND	19 ISRAEL	20 ITALIEN

Bernd Wehren: Rätselhafte Wörter-Suchsel · Best.Nr. 837
© Brigg Pädagogik Verlag GmbH, Augsburg

1. Kreise die 20 „J-Wörter" mit Bleistift ein. 2. Schreibe sie auf.

Tipp: Suche die Anfangsbuchstaben im Suchsel und lese von da aus in alle Richtungen: oben, unten, links, rechts, diagonal.

```
T  I  K  A  H  D  J  N  I  W  W  F  Y  U  P  Q  A  T  M  Z
I  Y  C  U  Y  F  E  N  N  Q  S  E  Y  S  W  Z  A  G  D  R
Q  K  I  T  H  C  A  J  U  S  A  P  R  Q  D  Q  S  Q  K  S
G  U  T  M  S  O  N  O  J  D  Y  F  U  T  R  N  W  A  Y  W
F  W  S  Z  D  F  S  G  J  U  B  E  L  O  D  U  J  Q  X  A
U  M  Y  E  A  E  H  H  M  W  K  R  N  E  P  X  G  M  J  S
J  T  O  J  K  R  F  U  I  R  E  S  Y  V  H  W  O  V  V  P
E  U  J  Q  A  C  G  R  C  K  M  B  S  K  R  I  S  R  M  J
Q  R  W  T  X  N  A  T  O  A  L  L  Q  J  A  M  M  E  R  J
O  S  E  E  E  C  U  J  Q  I  Y  D  T  R  F  R  D  V  O  G
K  J  V  E  L  K  R  A  P  A  Q  P  G  T  K  T  Q  G  M  A
X  Q  J  U  B  P  Y  J  R  O  C  R  C  A  S  V  G  N  R  N
X  O  X  Y  Q  S  A  P  L  P  A  E  W  B  O  E  E  A  H  R
H  M  D  Z  B  H  I  F  X  U  I  A  B  B  R  I  G  P  G  X
O  Q  D  O  R  V  D  N  G  A  B  L  C  K  E  S  B  A  X  V
X  N  T  P  T  V  O  A  N  E  H  R  U  X  C  V  Z  J  H  D
L  K  M  I  U  S  J  V  Y  A  H  L  A  J  E  J  F  B  J  B
J  U  X  Q  L  J  W  D  P  F  H  T  O  P  Z  O  D  C  X  N
Y  Q  W  G  F  X  Y  M  G  Q  I  O  U  J  M  L  W  E  D  J
N  C  Z  M  S  C  N  J  V  U  P  W  J  I  Q  M  O  O  J  H
```

1 _____	2 _____	3 _____	4 _____
5 _____	6 _____	7 _____	8 _____
9 _____	10 _____	11 _____	12 _____
13 _____	14 _____	15 _____	16 _____
17 _____	18 _____	19 _____	20 _____

Zusatzaufgaben:

1. Ordne die Wörter nach dem Abc: A B C D E F G H I J K L M N O P Q R S T U V W X Y Z

2. Überlege dir mindestens ein Verb und ein Adjektiv mit „j" und bilde daraus zusammen mit den Nomen aus den Lösungswörtern einen „J-Satz".

Bernd Wehren: Rätselhafte Wörter-Suchsel · Best.Nr. 837
© Brigg Pädagogik Verlag GmbH, Augsburg

```
T  I  K  A  H  D  J  N  I  W  W  F  Y  U  P  Q  A  T  M  Z
I  Y  C  U  Y  F  E  N  N  Q  S  E  Y  S  W  Z  A  G  D  R
Q  K  I  T  H  C  A  J  U  S  A  P  R  Q  D  Q  S  Q  K  S
G  U  T  M  S  O  N  O  J  D  Y  F  U  T  R  N  W  A  Y  W
F  W  S  Z  D  F  S  G  J  U  B  E  L  O  D  U  J  Q  X  A
U  M  Y  E  A  E  H  H  M  W  K  R  N  E  P  X  G  M  J  S
J  T  O  J  K  R  F  U  I  R  E  S  Y  V  H  W  O  V  V  P
E  U  J  Q  A  C  G  R  C  K  M  B  S  K  R  I  S  R  M  J
Q  R  W  T  X  N  A  T  O  A  L  L  Q  J  A  M  M  E  R  J
O  S  E  E  C  U  J  Q  I  Y  D  T  R  F  R  D  V  O  G
K  J  V  E  L  K  R  A  P  A  Q  P  G  T  K  T  Q  G  M  A
X  Q  J  U  B  P  Y  J  R  O  C  R  C  A  S  V  G  N  R  N
X  O  X  Y  Q  S  A  P  L  P  A  E  W  B  O  E  E  A  H  R
H  M  D  Z  B  H  I  F  X  U  I  A  B  B  R  I  G  P  G  X
O  Q  D  O  R  V  D  N  G  A  B  L  C  K  E  S  B  A  X  V
X  N  T  P  T  V  O  A  N  E  H  R  U  X  C  V  Z  J  H  D
L  K  M  I  U  S  J  V  Y  A  H  L  A  J  E  J  F  B  J  B
J  U  X  Q  L  J  W  D  P  F  H  T  O  P  Z  O  D  C  X  N
Y  Q  W  G  F  X  Y  M  G  Q  I  O  U  J  M  L  W  E  D  J
N  C  Z  M  S  C  N  J  V  U  P  W  J  I  Q  M  O  O  J  H
```

Die 20 Lösungswörter nach dem Abc geordnet:

1 JACHT	2 JACKE	3 JAGUAR	4 JAHR
5 JAMMER	6 JANUAR	7 JAPAN	8 JEANS
9 JET	10 JOGGER	11 JOGHURT	12 JOHANNISBEERE
13 JOKER	14 JOYSTICK	15 JUBEL	16 JUDO
17 JULI	18 JUNI	19 JUWEL	20 JUX

1. Kreise die 20 „K-Wörter" mit Bleistift ein. 2. Schreibe sie auf.

Tipp: Suche die Anfangsbuchstaben im Suchsel und lese von da aus in alle Richtungen: oben, unten, links, rechts, diagonal.

```
F  J  N  H  V  G  P  X  P  G  M  K  R  R  W  V  Z  X  S  M
T  W  U  B  G  F  G  K  E  I  I  U  L  E  I  L  E  K  M  F
I  X  K  I  D  K  L  H  W  R  T  N  Q  F  F  W  B  A  U  U
Q  H  F  Q  K  I  A  D  C  S  A  Y  Ö  Ä  D  F  K  I  K  J
G  Ä  B  E  H  N  Z  H  E  S  S  A  L  K  E  H  O  S  M  P
K  P  T  J  X  D  E  D  E  Q  Q  H  R  K  I  Z  I  K  U  K
N  T  P  D  I  E  L  K  H  K  A  R  T  O  F  F  E  L  R  B
E  A  V  X  W  R  C  K  C  A  B  J  L  C  S  X  H  O  W  L
B  I  J  L  Q  A  N  R  Ü  D  D  M  F  H  Q  R  A  F  W  L
P  Y  L  P  P  W  I  M  K  U  C  H  R  F  G  Z  J  A  G  Y
Z  Z  N  K  C  V  S  O  H  K  T  P  H  N  G  L  U  C  O  V
Z  T  M  K  I  W  Y  A  E  K  N  W  R  D  X  X  H  N  G  Q
B  O  K  E  U  N  X  I  P  C  A  S  W  G  K  B  J  L  B  W
S  A  P  R  S  G  O  P  K  O  W  L  T  J  T  D  T  H  M  N
Z  Q  J  Z  I  H  P  C  Q  A  M  O  E  P  P  A  K  O  Q  N
L  Y  A  E  X  U  R  W  M  U  T  R  D  N  K  Ä  S  E  A  M
V  C  K  D  K  A  S  S  E  J  X  Z  F  B  D  A  Y  D  N  O
X  U  U  A  T  L  F  G  W  W  Z  W  E  J  R  E  O  F  H  B
H  G  X  K  R  X  W  Z  S  Q  J  S  I  V  T  Q  R  E  L  V
X  D  M  E  B  P  S  V  B  P  V  L  O  M  P  G  A  R  K  R
```

1 _____ 2 _____ 3 _____ 4 _____

5 _____ 6 _____ 7 _____ 8 _____

9 _____ 10 _____ 11 _____ 12 _____

13 _____ 14 _____ 15 _____ 16 _____

17 _____ 18 _____ 19 _____ 20 _____

Zusatzaufgaben:

1. Ordne die Wörter nach dem Abc: A B C D E F G H I J K L M N O P Q R S T U V W X Y Z
2. Überlege dir mindestens ein Verb und ein Adjektiv mit „k" und bilde daraus zusammen mit den Nomen aus den Lösungswörtern einen „K-Satz".

Bernd Wehren: Rätselhafte Wörter-Suchsel · Best.Nr. 837
© Brigg Pädagogik Verlag GmbH, Augsburg

```
F  J  N  H  V  G  P  X  P  G  M  K  R  R  W  V  Z  X  S  M
T  W  U  B  G  F  G  K  E  I  I  U  L  E  I  L  E  K  M  F
I  X  K  I  D  K  L  H  W  R  T  N  Q  F  F  W  B  A  U  U
Q  H  F  Q  K  I  A  D  C  S  A  Y  Ö  Ä  D  F  K  I  K  J
G  Ä  B  E  H  N  Z  H  E  S  S  A  L  K  E  H  O  S  M  P
K  P  T  J  X  D  E  D  E  Q  Q  H  R  K  I  Z  I  K  U  K
N  T  P  D  I  E  L  K  H  K  A  R  T  O  F  F  E  L  R  B
E  A  V  X  W  R  C  K  C  A  B  J  L  C  S  X  H  O  W  L
B  I  J  L  Q  A  N  R  Ü  D  D  M  F  H  Q  R  A  F  W  L
P  Y  L  P  P  W  I  M  K  U  C  H  R  F  G  Z  J  A  G  Y
Z  Z  N  K  C  V  S  O  H  K  T  P  H  N  G  L  U  C  O  V
Z  T  M  K  I  W  Y  A  E  K  N  W  R  D  X  X  H  N  G  Q
B  O  K  E  U  N  X  I  P  C  A  S  W  G  K  B  J  L  B  W
S  A  P  R  S  G  O  P  K  O  W  L  T  J  T  D  T  H  M  N
Z  Q  J  Z  I  H  P  C  Q  A  M  O  E  P  P  A  K  O  Q  N
L  Y  A  E  X  U  R  W  M  U  T  R  D  N  K  Ä  S  E  A  M
V  C  K  D  K  A  S  S  E  J  X  Z  F  B  D  A  Y  D  N  O
X  U  U  A  T  L  F  G  W  W  Z  W  E  J  R  E  O  F  H  B
H  G  X  K  R  X  W  Z  S  Q  J  S  I  V  T  Q  R  E  L  V
X  D  M  E  B  P  S  V  B  P  V  L  O  M  P  G  A  R  K  R
```

Die 20 Lösungswörter nach dem Abc geordnet:

1 KÄFER	2 KÄFIG	3 KALENDER	4 KAMM
5 KARTOFFEL	6 KÄSE	7 KASSE	8 KATZE
9 KERZE	10 KETTE	11 KINDER	12 KINO
13 KIRCHE	14 KLASSE	15 KLEID	16 KOCH
17 KOFFER	18 KÖNIG	19 KÜCHE	20 KUH

Bernd Wehren: Rätselhafte Wörter-Suchsel · Best.Nr. 837
© Brigg Pädagogik Verlag GmbH, Augsburg

1. Kreise die 20 „L-Wörter" mit Bleistift ein. 2. Schreibe sie auf.

Tipp: Suche die Anfangsbuchstaben im Suchsel und lese von da aus in alle Richtungen: oben, unten, links, rechts, diagonal.

```
N  O  K  I  X  E  L  L  L  E  T  U  E  L  L  E  Y  C  F  M
L  Ö  F  F  E  L  H  E  S  A  U  Z  A  A  B  K  R  H  M  D
Z  D  V  W  B  J  X  H  M  T  D  E  T  E  T  L  S  N  G  T
P  X  P  S  D  E  D  R  F  P  N  E  I  K  C  R  L  N  X  W
C  X  W  L  C  Q  Z  E  X  I  R  L  N  J  S  F  Z  C  Z  I
F  W  L  T  I  R  O  R  L  N  T  K  H  H  O  H  B  U  O  A
W  J  D  Q  K  E  D  I  E  Z  L  H  T  N  C  B  G  X  C  E
A  O  I  V  F  X  D  N  D  E  L  O  C  G  E  U  K  E  L  Q
B  V  T  D  J  Y  T  J  B  F  R  T  W  I  P  H  G  A  H  Q
K  B  X  X  L  K  Y  E  X  E  Z  G  D  H  L  S  C  B  Y  L
L  H  P  D  A  R  N  S  Y  M  T  K  I  D  Q  I  Z  A  E  O
S  O  Q  K  M  Y  N  F  E  Q  B  E  R  X  Y  R  U  V  L  C
G  Z  K  R  P  C  S  X  E  V  W  J  E  Z  C  M  V  Z  D  H
J  H  M  O  E  E  U  N  O  C  Z  L  T  R  N  V  X  O  E  Y
P  N  L  Z  M  H  O  G  Z  F  F  C  I  H  X  J  I  Q  Y  L
W  D  J  R  X  O  L  B  Z  Y  Y  L  E  D  M  K  G  S  E  D
U  M  E  Q  V  Ö  T  T  E  K  N  C  L  A  U  B  E  H  P  G
Z  N  U  Q  W  M  K  I  K  T  F  U  L  E  V  O  I  K  P  I
V  I  E  E  E  F  U  G  V  U  Z  E  G  H  C  V  N  L  I  D
M  O  M  Y  U  R  I  B  M  E  Q  K  C  C  Z  A  K  V  L  D
```

1 _____	2 _____	3 _____	4 _____
5 _____	6 _____	7 _____	8 _____
9 _____	10 _____	11 _____	12 _____
13 _____	14 _____	15 _____	16 _____
17 _____	18 _____	19 _____	20 _____

Zusatzaufgaben:

1. Ordne die Wörter nach dem Abc: A B C D E F G H I J K L M N O P Q R S T U V W X Y Z
2. Überlege dir mindestens ein Verb und ein Adjektiv mit „l" und bilde daraus zusammen mit den Nomen aus den Lösungswörtern einen „L-Satz".

Bernd Wehren: Rätselhafte Wörter-Suchsel · Best.Nr. 837
© Brigg Pädagogik Verlag GmbH, Augsburg

```
N  O  K  I  X  E  L  L  L  E  T  U  E  L  L  E  Y  C  F  M
L  Ö  F  F  E  L  H  E  S  A  U  Z  A  A  B  K  R  H  M  D
Z  D  V  W  B  J  X  H  M  T  D  E  T  E  T  L  S  N  G  T
P  X  P  S  D  E  D  R  F  P  N  E  I  K  C  R  L  N  X  W
C  X  W  L  C  Q  Z  E  X  I  R  L  N  J  S  F  Z  C  Z  I
F  W  L  T  I  R  O  R  L  N  T  K  H  H  O  H  B  U  O  A
W  J  D  Q  K  E  D  I  E  Z  L  H  T  N  C  B  G  X  C  E
A  O  I  V  F  X  D  N  D  E  L  O  C  G  E  U  K  E  L  Q
B  V  T  D  J  Y  T  J  B  F  R  T  W  I  P  H  G  A  H  Q
K  B  X  X  L  K  Y  E  X  E  Z  G  D  H  L  S  C  B  Y  L
L  H  P  D  A  R  N  S  Y  M  T  K  I  D  Q  I  Z  A  E  O
S  O  Q  K  M  Y  N  F  E  Q  B  E  R  X  Y  R  U  V  L  C
G  Z  K  R  P  C  S  X  E  V  W  J  E  Z  C  M  V  Z  D  H
J  H  M  O  E  E  U  N  O  C  Z  L  T  R  N  V  X  O  E  Y
P  N  L  Z  M  H  O  G  Z  F  F  C  I  H  X  J  I  Q  Y  L
W  D  J  R  X  O  L  B  Z  Y  Y  L  E  D  M  K  G  S  E  D
U  M  E  Q  V  Ö  T  T  E  K  N  C  L  A  U  B  E  H  P  G
Z  N  U  Q  W  M  K  I  K  T  F  U  L  E  V  O  I  K  P  I
V  I  E  E  F  U  G  V  U  Z  E  G  H  C  V  N  L  I  D
M  O  M  Y  U  R  I  B  M  E  Q  K  C  C  Z  A  K  V  L  D
```

Die 20 Lösungswörter nach dem Abc geordnet:

1 LACHEN	2 LADEN	3 LAMPE	4 LATERNE
5 LAUB	6 LEBEN	7 LEHRERIN	8 LEITER
9 LEUTE	10 LEXIKON	11 LICHT	12 LIEBE
13 LIED	14 LINEAL	15 LIPPE	16 LOCH
17 LÖFFEL	18 LOKOMOTIVE	19 LÖWE	20 LUFT

Bernd Wehren: Rätselhafte Wörter-Suchsel · Best.Nr. 837
© Brigg Pädagogik Verlag GmbH, Augsburg

1. Kreise die 20 „M-Wörter" mit Bleistift ein. 2. Schreibe sie auf.

Tipp: Suche die Anfangsbuchstaben im Suchsel und lese von da aus in alle Richtungen: oben, unten, links, rechts, diagonal.

```
M  T  A  N  O  M  E  E  R  J  U  T  M  R  E  S  S  E  M  G
N  Ä  Q  Q  A  I  K  E  L  Y  O  I  Z  Q  Q  X  U  S  H  A
M  Y  D  N  F  I  A  E  I  X  L  Y  M  H  H  Y  J  R  R  T
T  O  T  C  J  I  S  Z  P  C  D  H  E  O  K  F  M  Q  H  T
O  E  N  U  H  V  V  R  H  Y  A  M  Z  J  M  A  U  E  R  I
L  M  B  D  M  E  G  Ä  N  X  L  K  L  K  P  E  R  L  L  M
Z  J  Z  C  H  Z  N  M  A  T  I  F  Q  E  N  I  K  Q  Z  N
D  W  J  P  Q  L  Q  Z  Y  J  Q  Y  Q  X  I  Y  N  S  U  L
P  Y  B  W  Z  D  M  Q  O  W  H  W  R  L  T  D  W  Y  A  K
M  F  R  V  H  S  N  X  Y  H  I  E  U  L  K  F  K  C  O  V
R  U  E  X  U  L  J  N  T  G  T  F  M  H  I  D  U  P  V  S
B  W  S  A  D  Q  E  Z  A  T  E  E  Z  W  A  K  D  E  I  G
R  N  M  I  M  O  W  T  U  M  X  S  N  W  N  F  Y  T  V  T
J  N  Q  K  K  V  L  M  U  G  P  C  F  E  M  M  K  A  O  U
A  E  B  Q  Q  H  D  H  H  N  R  H  H  H  Ä  E  G  A  R  E
M  I  T  T  W  O  C  H  V  E  I  C  B  T  R  T  D  D  V  X
Q  M  D  M  C  N  F  I  T  M  S  M  V  C  C  E  K  S  Y  M
G  A  G  B  F  F  K  U  T  N  S  P  L  K  H  R  F  H  E  C
R  I  I  Z  D  M  L  H  E  O  L  Z  O  F  E  E  Y  J  U  Q
H  N  G  Z  J  K  N  M  P  S  Z  F  N  C  N  L  Z  Y  W  P
```

1 _____ 2 _____ 3 _____ 4 _____

5 _____ 6 _____ 7 _____ 8 _____

9 _____ 10 _____ 11 _____ 12 _____

13 _____ 14 _____ 15 _____ 16 _____

17 _____ 18 _____ 19 _____ 20 _____

Zusatzaufgaben:

1. Ordne die Wörter nach dem Abc: A B C D E F G H I J K L M N O P Q R S T U V W X Y Z

2. Überlege dir mindestens ein Verb und ein Adjektiv mit „m" und bilde daraus zusammen mit den Nomen aus den Lösungswörtern einen „M-Satz".

Bernd Wehren: Rätselhafte Wörter-Suchsel · Best.Nr. 837
© Brigg Pädagogik Verlag GmbH, Augsburg

```
M T A N O M E E R J U T M R E S S E M G
N Ä Q Q A I K E L Y O I Z Q Q X U S H A
M Y D N F I A E I X L Y M H H Y J R R T
T O T C J I S Z P C D H E O K F M Q H T
O E N U H V V R H Y A M Z J M A U E R I
L M B D M E G Ä N X L K L K P E R L L M
Z J Z C H Z N M A T I F Q E N I K Q Z N
D W J P Q L Q Z Y J Q Y Q X I Y N S U L
P Y B W Z D M Q O W H W R L T D W Y A K
M F R V H S N X Y H I E U L K F K C O V
R U E X U L J N T G T F M H I D U P V S
B W S A D Q E Z A T E E Z W A K D E I G
R N M I M O W T U M X S N W N F Y T V T
J N Q K K V L M U G P C F E M M K A O U
A E B Q Q H D H H N R H H H Ä E G A R E
M I T T W O C H V E I C B T R T D D V X
Q M D M C N F I T M S M V C C E K S Y M
G A G B F F K U T N S P L K H R F H E C
R I I Z D M L H E O L Z O F E E Y J U Q
H N G Z J K N M P S Z F N C N L Z Y W P
```

Die 20 Lösungswörter nach dem Abc geordnet:

1 MÄDCHEN	2 MAI	3 MANN	4 MANTEL
5 MÄRCHEN	6 MÄRZ	7 MAUER	8 MAUS
9 MEER	10 MENSCHEN	11 MESSER	12 METER
13 MILCH	14 MINUTE	15 MITTAG	16 MITTWOCH
17 MONAT	18 MOND	19 MUSIK	20 MUTTER

Bernd Wehren: Rätselhafte Wörter-Suchsel · Best.Nr. 837
© Brigg Pädagogik Verlag GmbH, Augsburg

1. Kreise die 20 „N-Wörter" mit Bleistift ein. 2. Schreibe sie auf.

   Tipp: Suche die Anfangsbuchstaben im Suchsel und lese von da aus in alle Richtungen: oben, unten,
   links, rechts, diagonal.

```
F  K  T  X  C  W  E  T  I  N  G  C  J  J  C  Y  P  Q  N  P
T  H  C  A  N  O  P  H  L  X  O  A  W  H  T  H  B  A  A  V
F  S  W  G  O  L  R  C  W  T  V  V  T  S  N  T  I  L  C  J
Q  O  Q  D  D  S  L  I  A  R  M  B  E  T  Y  F  M  E  H  M
L  M  S  Z  V  D  O  R  H  K  V  H  S  M  I  W  Z  G  B  V
O  N  O  M  N  D  N  H  K  S  A  U  S  N  B  M  Q  A  A  V
B  P  G  N  N  I  X  C  C  W  A  C  H  C  X  E  H  N  R  D
C  G  U  R  U  Z  C  A  X  L  T  N  I  T  C  T  R  C  J  V
L  C  H  C  D  W  Q  N  O  T  W  S  H  L  F  O  C  B  A  T
O  J  K  J  E  A  K  K  I  X  X  P  E  P  E  T  P  A  F  N
V  Z  J  V  L  V  I  N  E  B  E  L  M  N  R  D  N  U  T  Q
P  Y  R  U  S  N  E  S  A  N  O  F  V  Y  N  A  A  T  Z  R
B  P  C  S  R  M  J  U  V  R  C  B  V  O  M  C  Q  N  J  J
L  D  U  H  K  D  S  R  F  B  F  Z  R  E  H  G  L  U  O  O
O  N  T  Z  Q  R  P  F  Y  U  J  D  U  P  W  F  G  P  H  B
Q  N  E  N  R  Q  J  S  W  Z  E  N  I  L  P  F  E  R  D  F
M  U  A  U  Y  O  Y  C  Z  N  W  G  Z  U  E  M  W  W  U  S
M  J  T  R  N  A  I  X  R  L  Q  H  T  Y  R  F  I  Y  R  L
A  A  R  F  B  R  Z  K  K  H  A  T  E  E  U  C  X  R  O  K
N  L  E  C  T  E  N  O  T  E  V  Y  N  L  H  T  Q  Y  I  L
```

1 _____	2 _____	3 _____	4 _____
5 _____	6 _____	7 _____	8 _____
9 _____	10 _____	11 _____	12 _____
13 _____	14 _____	15 _____	16 _____
17 _____	18 _____	19 _____	20 _____

Zusatzaufgaben:

1. Ordne die Wörter nach dem Abc: A B C D E F G H I J K L M N O P Q R S T U V W X Y Z

2. Überlege dir mindestens ein Verb und ein Adjektiv mit „n" und bilde daraus zusammen mit den Nomen
   aus den Lösungswörtern einen „N-Satz".

Bernd Wehren: Rätselhafte Wörter-Suchsel · Best.Nr. 837
© Brigg Pädagogik Verlag GmbH, Augsburg

```
F  K  T  X  C  W  E  T  I  N  G  C  J  J  C  Y  P  Q  N  P
T  H  C  A  N  O  P  H  L  X  O  A  W  H  T  H  B  A  A  V
F  S  W  G  O  L  R  C  W  T  V  V  T  S  N  T  I  L  C  J
Q  O  Q  D  D  S  L  I  A  R  M  B  E  T  Y  F  M  E  H  M
L  M  S  Z  V  D  O  R  H  K  V  H  S  M  I  W  Z  G  B  V
O  N  O  M  N  D  N  H  K  S  A  U  S  N  B  M  Q  A  A  V
B  P  G  N  N  I  X  C  C  W  A  C  H  C  X  E  H  N  R  D
C  G  U  R  U  Z  C  A  X  L  T  N  I  T  C  T  R  C  J  V
L  C  H  C  D  W  Q  N  O  T  W  S  H  L  F  O  C  B  A  T
O  J  K  J  E  A  K  K  I  X  X  P  E  P  E  T  P  A  F  N
V  Z  J  V  L  V  I  N  E  B  E  L  M  N  R  D  N  U  T  Q
P  Y  R  U  S  N  E  S  A  N  O  F  V  Y  N  A  A  T  Z  R
B  P  C  S  R  M  J  U  V  R  C  B  V  O  M  C  Q  N  J  J
L  D  U  H  K  D  S  R  F  B  F  Z  R  E  H  G  L  U  O  O
O  N  T  Z  Q  R  P  F  Y  U  J  D  U  P  W  F  G  P  H  B
Q  N  E  N  R  Q  J  S  W  Z  E  N  I  L  P  F  E  R  D  F
M  U  A  U  Y  O  Y  C  Z  N  W  G  Z  U  E  M  W  W  U  S
M  J  T  R  N  A  I  X  R  L  Q  H  T  Y  R  F  I  Y  R  L
A  A  R  F  B  R  Z  K  K  H  A  T  E  E  U  C  X  R  O  K
N  L  E  C  T  E  N  O  T  E  V  Y  N  L  H  T  Q  Y  I  L
```

Die 20 Lösungswörter nach dem Abc geordnet:

1 NACHBAR	2 NACHMITTAG	3 NACHRICHT	4 NACHT
5 NADEL	6 NAGEL	7 NAME	8 NARBE
9 NASE	10 NATUR	11 NEBEL	12 NEST
13 NETZ	14 NIKOLAUS	15 NILPFERD	16 NORDEN
17 NOTE	18 NOVEMBER	19 NUDEL	20 NUSS

Bernd Wehren: Rätselhafte Wörter-Suchsel · Best.Nr. 837
© Brigg Pädagogik Verlag GmbH, Augsburg

1. Kreise die 20 „O-Wörter" mit Bleistift ein. 2. Schreibe sie auf.

Tipp: Suche die Anfangsbuchstaben im Suchsel und lese von da aus in alle Richtungen: oben, unten, links, rechts, diagonal.

```
O  Z  I  S  F  O  X  W  E  Q  G  X  O  W  S  S  I  F  C  U
R  V  S  T  S  T  P  D  G  P  Z  K  P  Z  T  T  A  X  U  L
G  O  S  O  Q  R  A  E  Z  C  T  J  K  A  O  Q  G  Z  G  U
E  F  C  A  S  I  X  M  R  O  M  G  T  S  B  O  A  Q  O  S
L  Q  B  H  P  A  G  J  B  A  A  V  N  X  K  M  G  K  T  N
E  Z  I  M  S  F  E  E  W  Z  T  L  G  U  O  Y  O  S  M  E
H  O  Y  J  U  E  R  V  V  W  J  I  V  O  N  V  C  H  R  L
E  L  O  S  T  E  R  E  I  E  R  E  O  H  Y  D  N  M  H  E
O  G  B  I  F  R  I  O  X  Q  I  S  E  N  K  C  R  E  O  C
O  P  A  M  E  X  B  V  O  K  F  A  P  M  I  Y  E  O  F  G
A  E  B  V  H  E  E  D  G  T  S  H  V  A  I  K  O  M  C  O
Z  G  I  D  R  E  C  H  G  O  X  R  F  C  W  U  G  J  V  W
H  L  Q  G  A  U  O  J  D  H  R  E  M  H  X  D  Z  F  X  W
O  Y  C  C  W  L  I  N  H  D  S  T  T  T  E  L  E  M  O  N
I  D  A  A  W  S  I  J  C  E  N  S  E  N  N  T  A  Y  S  R
D  Z  R  A  B  D  B  R  T  G  F  O  U  Z  A  V  N  L  B  E
N  H  S  P  F  S  F  D  W  G  O  O  J  K  O  N  K  E  L  T
E  K  V  O  G  F  G  A  U  I  P  A  F  K  U  D  Q  W  M  S
H  V  N  X  R  G  S  T  S  M  G  U  C  B  N  G  Z  U  I  O
B  M  W  N  J  T  U  I  G  D  C  E  U  K  V  O  D  J  I  D
```

1 _____	2 _____	3 _____	4 _____
5 _____	6 _____	7 _____	8 _____
9 _____	10 _____	11 _____	12 _____
13 _____	14 _____	15 _____	16 _____
17 _____	18 _____	19 _____	20 _____

Zusatzaufgaben:

1. Ordne die Wörter nach dem Abc: A B C D E F G H I J K L M N O P Q R S T U V W X Y Z
2. Überlege dir mindestens ein Verb und ein Adjektiv mit „o" und bilde daraus zusammen mit den Nomen aus den Lösungswörtern einen „O-Satz".

Bernd Wehren: Rätselhafte Wörter-Suchsel · Best.Nr. 837
© Brigg Pädagogik Verlag GmbH, Augsburg

```
O  Z  I  S  F  O  X  W  E  Q  G  X  O  W  S  S  I  F  C  U
R  V  S  T  S  T  P  D  G  P  Z  K  P  Z  T  T  A  X  U  L
G  O  S  O  Q  R  A  E  Z  C  T  J  K  A  O  Q  G  Z  G  U
E  F  C  A  S  I  X  M  R  O  M  G  T  S  B  O  A  Q  O  S
L  Q  B  H  P  A  G  J  B  A  A  V  N  X  K  M  G  K  T  N
E  Z  I  M  S  F  E  E  W  Z  T  L  G  U  O  Y  O  S  M  E
H  O  Y  J  U  E  R  V  V  W  J  I  V  O  N  V  C  H  R  L
E  L  O  S  T  E  R  E  I  E  R  E  O  H  Y  D  N  M  H  E
O  G  B  I  F  R  I  O  X  Q  I  S  E  N  K  C  R  E  O  C
O  P  A  M  E  X  B  V  O  K  F  A  P  M  I  Y  E  O  F  G
A  E  B  V  H  E  E  D  G  T  S  H  V  A  I  K  O  M  C  O
Z  G  I  D  R  E  C  H  G  O  X  R  F  C  W  U  G  J  V  W
H  L  Q  G  A  U  O  J  D  H  R  E  M  H  X  D  Z  F  X  W
O  Y  C  C  W  L  I  N  H  D  S  T  T  E  L  E  M  O  N
I  D  A  A  W  S  I  J  C  E  N  S  E  N  N  T  A  Y  S  R
D  Z  R  A  B  D  B  R  T  G  F  O  U  Z  A  V  N  L  B  E
N  H  S  P  F  S  F  D  W  G  O  O  J  K  O  N  K  E  L  T
E  K  V  O  G  F  G  A  U  I  P  A  F  K  U  D  Q  W  M  S
H  V  N  X  R  G  S  T  S  M  G  U  C  B  N  G  Z  U  I  O
B  M  W  N  J  T  U  I  G  D  C  E  U  K  V  O  D  J  I  D
```

Die 20 Lösungswörter nach dem Abc geordnet:

1 OBER	2 OBST	3 OCHSE	4 OFEN
5 OHNMACHT	6 OHR	7 OKTOBER	8 OLIVE
9 OLYMPIADE	10 OMA	11 OMELETT	12 ONKEL
13 OPA	14 OPERATION	15 ORDNUNG	16 ORGEL
17 ORT	18 OSTEREIER	19 OSTERHASE	20 OSTERN

Bernd Wehren: Rätselhafte Wörter-Suchsel · Best.Nr. 837
© Brigg Pädagogik Verlag GmbH, Augsburg

1. Kreise die 20 „P-Wörter" mit Bleistift ein. 2. Schreibe sie auf.

Tipp: Suche die Anfangsbuchstaben im Suchsel und lese von da aus in alle Richtungen: oben, unten, links, rechts, diagonal.

```
T  G  E  X  L  E  F  M  Z  P  T  U  R  P  P  I  L  P  E  J
S  J  M  B  Z  V  M  H  E  L  F  E  C  I  K  E  U  W  M  F
O  G  R  E  V  O  L  L  U  P  I  O  P  N  M  P  T  C  W  L
P  R  P  E  H  L  H  W  A  P  V  P  T  S  P  H  P  N  L  Y
K  X  X  R  W  Y  V  Y  A  P  U  J  Z  E  P  I  Z  Z  A  J
X  W  E  Y  E  Y  U  P  R  Z  T  D  U  L  N  L  A  F  W  M
M  R  J  R  X  I  O  I  D  V  Z  V  P  O  E  Q  C  I  J  V
I  N  I  O  Q  C  S  T  D  P  M  O  T  E  K  A  P  Z  B  N
R  E  N  J  E  M  H  A  U  R  L  F  L  K  Y  W  O  E  S  Q
G  E  G  I  V  Y  O  P  X  I  V  S  D  Y  S  Q  B  H  M  B
Q  Z  D  A  K  X  O  N  Z  N  P  D  U  C  K  F  M  I  A  Y
U  N  G  B  P  M  I  I  F  Z  O  V  I  J  P  D  L  M  E  I
G  A  K  U  M  A  S  Z  N  F  X  I  Q  L  R  B  S  R  S  U
J  L  E  E  D  T  P  Z  L  E  P  K  L  W  F  Y  L  U  U  H
P  F  S  R  B  G  Z  K  X  A  D  V  H  I  C  P  J  B  A  G
G  P  E  H  C  A  K  P  A  V  R  C  X  J  Q  O  O  J  P  C
E  F  W  E  Q  W  L  C  H  X  M  N  Q  E  Y  P  C  A  A  A
P  J  X  N  D  F  B  D  G  M  N  P  F  E  I  F  E  D  G  L
D  G  J  D  F  W  H  C  E  N  I  G  H  V  N  H  O  I  Q
O  F  G  P  V  H  M  N  F  V  D  C  I  E  F  X  X  O  W  K
```

1 _____	2 _____	3 _____	4 _____
5 _____	6 _____	7 _____	8 _____
9 _____	10 _____	11 _____	12 _____
13 _____	14 _____	15 _____	16 _____
17 _____	18 _____	19 _____	20 _____

Zusatzaufgaben:

1. Ordne die Wörter nach dem Abc: A B C D E F G H I J K L M N O P Q R S T U V W X Y Z

2. Überlege dir mindestens ein Verb und ein Adjektiv mit „p" und bilde daraus zusammen mit den Nomen aus den Lösungswörtern einen „P-Satz".

Bernd Wehren: Rätselhafte Wörter-Suchsel · Best.Nr. 837
© Brigg Pädagogik Verlag GmbH, Augsburg

T	G	E	X	L	E	F	M	Z	P	T	U	R	P	P	I	L	P	E	J
S	J	M	B	Z	V	M	H	E	L	F	E	C	I	K	E	U	W	M	F
O	G	R	E	V	O	L	L	U	P	I	O	P	N	M	P	T	C	W	L
P	R	P	E	H	L	H	W	A	P	V	P	T	S	P	H	P	N	L	Y
K	X	X	R	W	Y	V	Y	A	P	U	J	Z	E	P	I	Z	Z	A	J
X	W	E	Y	E	Y	U	P	R	Z	T	D	U	L	N	L	A	F	W	M
M	R	J	R	X	I	O	I	D	V	Z	V	P	O	E	Q	C	I	J	V
I	N	I	O	Q	C	S	T	D	P	M	O	T	E	K	A	P	Z	B	N
R	E	N	J	E	M	H	A	U	R	L	F	L	K	Y	W	O	E	S	Q
G	E	G	I	V	Y	O	P	X	I	V	S	D	Y	S	Q	B	H	M	B
Q	Z	D	A	K	X	O	N	Z	N	P	D	U	C	K	F	M	I	A	Y
U	N	G	B	P	M	I	I	F	Z	O	V	I	J	P	D	L	M	E	I
G	A	K	U	M	A	S	Z	N	F	X	I	Q	L	R	B	S	R	S	U
J	L	E	E	D	T	P	Z	L	E	P	K	L	W	F	Y	L	U	U	H
P	F	S	R	B	G	Z	K	X	A	D	V	H	I	C	P	J	B	A	G
G	P	E	H	C	A	K	P	A	V	R	C	X	J	Q	O	O	J	P	C
E	F	W	E	Q	W	L	C	H	X	M	N	Q	E	Y	P	C	A	A	A
P	J	X	N	D	F	B	D	G	M	N	P	F	E	I	F	E	D	G	L
D	G	J	D	F	W	H	H	C	E	N	I	G	H	V	N	H	O	I	Q
O	F	G	P	V	H	M	N	F	V	D	C	I	E	F	X	X	O	W	K

Die 20 Lösungswörter nach dem Abc geordnet:

1 PAKET	2 PALME	3 PAPAGEI	4 PAPIER
5 PAUSE	6 PELZ	7 PFEIFE	8 PFERD
9 PFLANZE	10 PFOTEN	11 PILZ	12 PINSEL
13 PIZZA	14 POLIZIST	15 POMMES	16 POST
17 PREIS	18 PRINZ	19 PULLOVER	20 PUPPE

Bernd Wehren: Rätselhafte Wörter-Suchsel · Best.Nr. 837
© Brigg Pädagogik Verlag GmbH, Augsburg

1. Kreise die 20 „Q-Wörter" mit Bleistift ein. 2. Schreibe sie auf.

Tipp: Suche die Anfangsbuchstaben im Suchsel und lese von da aus in alle Richtungen: oben, unten, links, rechts, diagonal.

```
E  X  K  H  Q  H  O  O  Z  G  C  E  T  U  E  H  T  Q  T  R
N  T  C  Q  I  U  J  X  K  X  E  C  H  T  G  L  U  P  D  E
X  C  S  Z  U  J  A  M  X  E  E  D  Z  D  E  E  R  H  M  I
W  G  V  A  Q  A  M  R  G  Z  D  I  U  Q  R  T  T  X  Y  T
R  D  L  I  U  P  D  Q  K  P  N  M  S  F  I  S  R  X  O  R
Q  H  X  W  E  Q  F  R  O  S  K  R  L  G  E  R  W  A  V  A
G  Q  I  N  T  G  E  H  A  S  P  Ö  T  L  B  P  P  W  U  U
Q  U  E  R  S  C  H  N  I  T  T  E  G  A  R  F  Z  I  U  Q
N  A  O  A  C  U  L  W  X  E  X  X  I  M  Q  U  A  R  K  I
L  L  C  J  H  H  Y  N  G  H  A  H  L  S  B  D  E  D  A  F
M  T  U  E  U  W  Q  N  Z  H  N  A  Q  J  E  C  L  C  Q  H
V  G  N  E  N  Q  U  A  R  Z  U  H  R  E  L  L  E  U  Q  Q
U  R  M  O  G  T  A  A  D  Q  C  B  S  T  L  T  R  Y  U  V
C  Q  K  Q  T  Q  T  B  T  L  U  T  M  N  H  U  S  I  W  D
Y  Q  J  I  U  Y  S  U  Q  Z  T  I  S  A  S  R  Z  H  D  S
U  R  U  A  K  E  C  A  I  N  M  G  R  M  Q  E  R  J  M  G
N  Q  L  D  O  A  H  H  T  A  T  Z  J  L  J  D  M  R  U  V
C  L  D  T  E  W  U  B  Q  N  U  H  I  K  M  A  P  Q  X  X
E  U  A  F  V  P  A  G  W  I  O  V  V  Q  K  U  F  I  R  Z
Q  T  J  I  O  J  Y  N  L  R  Y  W  S  E  A  Q  B  Y  C  N
```

1 _____	2 _____	3 _____	4 _____
5 _____	6 _____	7 _____	8 _____
9 _____	10 _____	11 _____	12 _____
13 _____	14 _____	15 _____	16 _____
17 _____	18 _____	19 _____	20 _____

Zusatzaufgaben:

1. Ordne die Wörter nach dem Abc: A B C D E F G H I J K L M N O P Q R S T U V W X Y Z

2. Überlege dir mindestens ein Verb und ein Adjektiv mit „q" und bilde daraus zusammen mit den Nomen aus den Lösungswörtern einen „Q-Satz".

Bernd Wehren: Rätselhafte Wörter-Suchsel · Best.Nr. 837
© Brigg Pädagogik Verlag GmbH, Augsburg

```
E X K H Q H O O Z G C E T U E H T Q T R
N T C Q I U J X K X E C H T G L U P D E
X C S Z U J A M X E E D Z D E E R H M I
W G V A Q A M R G Z D I U Q R T T X Y T
R D L I U P D Q K P N M S F I S R X O R
Q H X W E Q F R O S K R L G E R W A V A
G Q I N T G E H A S P Ö T L B P P W U U
Q U E R S C H N I T T E G A R F Z I U Q
N A O A C U L W X E X X I M Q U A R K I
L L C J H H Y N G H A H L S B D E D A F
M T U E U W Q N Z H N A Q J E C L C Q H
V G N E N Q U A R Z U H R E L L E U Q Q
U R M O G T A A D Q C B S T L T R Y U V
C Q K Q T Q T B T L U T M N H U S I W D
Y Q J I U Y S U Q Z T I S A S R Z H D S
U R U A K E C A I N M G R M Q E R J M G
N Q L D O A H H T A T Z J L J D M R U V
C L D T E W U B Q N U H I K M A P Q X X
E U A F V P A G W I O V V Q K U F I R Z
Q T J I O J Y N L R Y W S E A Q B Y C N
```

Die 20 Lösungswörter nach dem Abc geordnet:

1 QUADER	2 QUADRAT	3 QUAL	4 QUALLE
5 QUALM	6 QUARK	7 QUARKSPEISE	8 QUARTETT
9 QUARTIER	10 QUARZUHR	11 QUASTE	12 QUATSCH
13 QUELLE	14 QUERFLÖTE	15 QUERSCHNITT	16 QUETSCHUNG
17 QUIRL	18 QUITTUNG	19 QUIZ	20 QUIZFRAGE

Bernd Wehren: Rätselhafte Wörter-Suchsel · Best.Nr. 837
© Brigg Pädagogik Verlag GmbH, Augsburg

1. Kreise die 20 „R-Wörter" mit Bleistift ein. 2. Schreibe sie auf.

Tipp: Suche die Anfangsbuchstaben im Suchsel und lese von da aus in alle Richtungen: oben, unten, links, rechts, diagonal.

```
N  W  G  E  R  I  B  R  P  O  L  R  Y  F  Q  R  I  F  X  K
X  E  F  Z  D  U  C  A  V  R  E  I  F  E  N  O  X  H  B  W
R  H  S  V  N  M  C  D  T  B  S  S  E  E  U  S  B  P  E  O
T  E  F  A  A  R  K  K  U  K  T  M  G  P  B  I  M  C  T  N
G  G  Z  G  R  W  F  Ä  S  T  Ä  E  R  R  V  N  K  R  T  U
U  Z  S  E  V  B  R  K  D  A  R  Z  U  W  O  E  Ü  O  A  L
K  D  C  A  P  F  K  K  Y  K  C  T  P  F  X  C  M  L  R  J
N  P  L  W  W  T  R  A  B  E  A  K  L  U  K  I  C  B  A  O
W  N  O  N  L  V  V  J  H  R  J  G  Z  E  Y  I  Z  L  B  L
G  C  X  A  S  N  P  G  A  H  B  G  N  S  X  J  W  C  A  K
N  V  G  Q  L  H  M  P  N  O  C  R  Y  P  E  Y  O  S  D  M
Z  E  O  P  E  T  E  X  R  X  U  A  A  W  D  E  I  B  H  T
N  Q  Z  G  B  R  P  Y  E  T  G  J  T  Q  L  F  H  Z  N  X
M  T  N  N  A  A  T  C  S  O  I  D  A  R  F  H  R  V  F  W
F  M  J  J  A  G  G  C  Q  X  X  S  H  F  J  I  O  O  D  J
Z  R  R  J  N  R  H  B  C  V  K  W  K  Y  B  V  B  B  R  A
R  E  C  H  T  E  C  K  C  B  M  N  T  V  F  K  O  C  A  J
E  E  N  Y  D  F  M  U  O  O  X  M  W  O  L  N  T  D  A  M
I  E  I  P  A  M  S  E  Y  U  S  Y  R  R  A  I  E  U  A  J
H  Z  B  S  J  C  P  Q  Y  W  E  T  E  K  A  R  R  V  L  C
```

1 _____	2 _____	3 _____	4 _____
5 _____	6 _____	7 _____	8 _____
9 _____	10 _____	11 _____	12 _____
13 _____	14 _____	15 _____	16 _____
17 _____	18 _____	19 _____	20 _____

Zusatzaufgaben:

1. Ordne die Wörter nach dem Abc: A B C D E F G H I J K L M N O P Q R S T U V W X Y Z

2. Überlege dir mindestens ein Verb und ein Adjektiv mit „r" und bilde daraus zusammen mit den Nomen aus den Lösungswörtern einen „R-Satz".

Bernd Wehren: Rätselhafte Wörter-Suchsel · Best.Nr. 837
© Brigg Pädagogik Verlag GmbH, Augsburg

```
N  W  G  E  R  I  B  R  P  O  L  R  Y  F  Q  R  I  F  X  K
X  E  F  Z  D  U  C  A  V  R  E  I  F  E  N  O  X  H  B  W
R  H  S  V  N  M  C  D  T  B  S  S  E  E  U  S  B  P  E  O
T  E  F  A  A  R  K  K  U  K  T  M  G  P  B  I  M  C  T  N
G  G  Z  G  R  W  F  Ä  S  T  Ä  E  R  R  V  N  K  R  T  U
U  Z  S  E  V  B  R  K  D  A  R  Z  U  W  O  E  Ü  O  A  L
K  D  C  A  P  F  K  K  Y  K  C  T  P  F  X  C  M  L  R  J
N  P  L  W  W  T  R  A  B  E  A  K  L  U  K  I  C  B  A  O
W  N  O  L  V  V  J  H  R  J  G  Z  E  Y  I  Z  L  B  L
G  C  X  A  S  N  P  G  A  H  B  G  N  S  X  J  W  C  A  K
N  V  G  Q  L  H  M  P  N  O  C  R  Y  P  E  Y  O  S  D  M
Z  E  O  P  E  T  E  X  R  X  U  A  A  W  D  E  I  B  H  T
N  Q  Z  G  B  R  P  Y  E  T  G  J  T  Q  L  F  H  Z  N  X
M  T  N  N  A  A  T  C  S  O  I  D  A  R  F  H  R  V  F  W
F  M  J  J  A  G  G  C  Q  X  X  S  H  F  J  I  O  O  D  J
Z  R  R  J  N  R  H  B  C  V  K  W  K  Y  B  V  B  B  R  A
R  E  C  H  T  E  C  K  C  B  M  N  T  V  F  K  O  C  A  J
E  E  N  Y  D  F  M  U  O  O  X  M  W  O  L  N  T  D  A  M
I  E  I  P  A  M  S  E  Y  U  S  Y  R  R  A  I  E  U  A  J
H  Z  B  S  J  C  P  Q  Y  W  E  T  E  K  A  R  R  V  L  C
```

Die 20 Lösungswörter nach dem Abc geordnet:

1 RABE	2 RAD	3 RADIO	4 RAKETE
5 RANZEN	6 RASEN	7 RÄTSEL	8 RATTE
9 RÄUBER	10 RECHTECK	11 REGEN	12 REIFEN
13 REIS	14 REPARATUR	15 REZEPT	16 ROBOTER
17 ROSINE	18 RÜCKEN	19 RUCKSACK	20 RUTSCHE

Bernd Wehren: Rätselhafte Wörter-Suchsel · Best.Nr. 837
© Brigg Pädagogik Verlag GmbH, Augsburg

1. Kreise die 20 „S-Wörter" mit Bleistift ein. 2. Schreibe sie auf.

   Tipp: Suche die Anfangsbuchstaben im Suchsel und lese von da aus in alle Richtungen: oben, unten,
   links, rechts, diagonal.

```
R  J  T  L  J  S  W  Z  U  S  X  D  S  O  E  B  R  E  H  Q
H  J  I  C  T  K  P  U  D  Y  T  A  P  H  H  J  E  E  Y  S
U  E  M  R  S  O  M  M  E  R  C  A  U  G  X  Y  T  N  H  N
S  J  E  D  N  A  S  M  W  K  O  H  D  O  Y  P  S  H  G  H
A  I  J  C  P  Q  P  H  X  L  C  G  L  T  G  Y  E  C  I  O
T  Z  S  A  M  S  T  A  G  S  R  Y  V  D  I  R  W  S  T  S
I  G  X  G  H  B  P  E  Z  C  N  P  H  S  K  Z  H  F  W  D
F  I  B  H  S  F  J  D  V  M  B  W  H  D  J  N  C  W  B  V
N  Z  N  F  Q  C  E  O  J  I  X  I  L  G  Z  Z  S  F  C  A
G  T  V  D  D  G  H  T  E  Y  I  N  G  T  J  G  P  N  V  X
O  B  S  N  T  D  C  R  F  P  G  C  E  N  W  W  E  D  E  F
K  Z  P  K  E  O  P  J  A  D  O  O  C  T  M  T  H  Z  B  F
I  M  I  F  C  N  K  R  I  N  Q  Z  X  Q  T  I  I  B  S  T
D  P  E  S  F  E  A  T  C  X  K  N  T  A  G  I  Q  K  X  V
G  U  G  K  U  I  B  L  G  S  Y  T  H  A  H  K  L  S  A  W
U  O  E  P  W  V  H  Q  E  U  Y  C  B  O  S  W  V  H  C  S
P  H  L  Z  O  C  Z  C  J  P  S  F  Z  B  K  M  X  D  C  T
E  R  E  H  C  S  Y  J  S  P  E  D  A  L  O  K  O  H  C  S
R  P  F  J  L  F  U  O  H  E  R  V  P  C  T  G  Q  F  D  H
F  S  Y  X  J  M  J  X  W  W  Q  W  W  I  F  T  S  P  G  I
```

1 _____   2 _____   3 _____   4 _____

5 _____   6 _____   7 _____   8 _____

9 _____   10 _____   11 _____   12 _____

13 _____   14 _____   15 _____   16 _____

17 _____   18 _____   19 _____   20 _____

Zusatzaufgaben:

1. Ordne die Wörter nach dem Abc: A B C D E F G H I J K L M N O P Q R S T U V W X Y Z

2. Überlege dir mindestens ein Verb und ein Adjektiv mit „s" und bilde daraus zusammen mit den Nomen
   aus den Lösungswörtern einen „S-Satz".

Bernd Wehren: Rätselhafte Wörter-Suchsel · Best.Nr. 837
© Brigg Pädagogik Verlag GmbH, Augsburg

R	J	T	L	J	S	W	Z	U	S	X	D	S	O	E	B	R	E	H	Q
H	J	I	C	T	K	P	U	D	Y	T	A	P	H	H	J	E	E	Y	S
U	E	M	R	S	O	M	M	E	R	C	A	U	G	X	Y	T	N	H	N
S	J	E	D	N	A	S	M	W	K	O	H	D	O	Y	P	S	H	G	H
A	I	J	C	P	Q	P	H	X	L	C	G	L	T	G	Y	E	C	I	O
T	Z	S	A	M	S	T	A	G	S	R	Y	V	D	I	R	W	S	T	S
I	G	X	G	H	B	P	E	Z	C	N	P	H	S	K	Z	H	F	W	D
F	I	B	H	S	F	J	D	V	M	B	W	H	D	J	N	C	W	B	V
N	Z	N	F	Q	C	E	O	J	I	X	I	L	G	Z	Z	S	F	C	A
G	T	V	D	D	G	H	T	E	Y	I	N	G	T	J	G	P	N	V	X
O	B	S	N	T	D	C	R	F	P	G	C	E	N	W	W	E	D	E	F
K	Z	P	K	E	O	P	J	A	D	O	O	C	T	M	T	H	Z	B	F
I	M	I	F	C	N	K	R	I	N	Q	Z	X	Q	T	I	I	B	S	T
D	P	E	S	F	E	A	T	C	X	K	N	T	A	G	I	Q	K	X	V
G	U	G	K	U	I	B	L	G	S	Y	T	H	A	H	K	L	S	A	W
U	O	E	P	W	V	H	Q	E	U	Y	C	B	O	S	W	V	H	C	S
P	H	L	Z	O	C	Z	C	J	P	S	F	Z	B	K	M	X	D	C	T
E	R	E	H	C	S	Y	J	S	P	E	D	A	L	O	K	O	H	C	S
R	P	F	J	L	F	U	O	H	E	R	V	P	C	T	G	Q	F	D	H
F	S	Y	X	J	M	J	X	W	W	Q	W	W	I	F	T	S	P	G	I

Die 20 Lösungswörter nach dem Abc geordnet:

1 SACK	2 SAMSTAG	3 SAND	4 SATZ
5 SCHATTEN	6 SCHERE	7 SCHIFF	8 SCHLITTEN
9 SCHNEE	10 SCHOKOLADE	11 SCHRANK	12 SCHUHE
13 SCHWESTER	14 SEIL	15 SOHN	16 SOMMER
17 SPIEGEL	18 STADT	19 STREIT	20 SUPPE

Bernd Wehren: Rätselhafte Wörter-Suchsel · Best.Nr. 837
© Brigg Pädagogik Verlag GmbH, Augsburg

1. Kreise die 20 „T-Wörter" mit Bleistift ein. 2. Schreibe sie auf.

Tipp: Suche die Anfangsbuchstaben im Suchsel und lese von da aus in alle Richtungen: oben, unten, links, rechts, diagonal.

```
Z  P  E  J  N  P  X  E  L  U  M  T  H  L  U  A  T  K  M  C
Y  J  D  Y  O  G  L  T  B  E  T  O  A  P  D  I  F  T  U  L
Z  Q  A  T  D  S  G  A  U  Ü  H  C  D  N  G  L  A  C  A  Y
L  T  A  F  E  L  W  M  R  O  A  H  Q  E  T  S  R  R  R  K
R  E  J  S  L  L  E  O  X  X  P  T  R  V  C  E  B  K  T  L
K  Y  F  D  J  Y  E  T  B  Y  R  E  X  H  L  B  W  W  C  R
M  C  V  U  U  J  O  F  A  O  T  R  E  M  L  Y  I  O  I  H
Q  E  F  P  E  V  E  L  O  N  A  M  E  X  W  L  M  R  B  V
Z  Q  V  O  S  T  S  G  X  N  S  G  U  W  L  R  R  E  A  N
H  C  S  I  T  L  I  P  E  S  S  E  E  M  U  W  M  N  I  Q
T  I  R  X  D  T  A  C  Z  Z  E  A  W  T  W  B  A  O  E  X
R  O  Y  Q  O  N  E  Z  N  S  M  I  S  D  R  V  W  P  R  X
T  L  P  S  I  C  D  A  A  T  C  G  N  C  W  O  P  X  X  B
R  Q  R  F  E  P  T  H  H  O  T  E  B  K  D  E  T  K  P  K
I  N  H  L  D  M  H  T  N  V  I  B  T  V  R  J  A  E  B  J
U  T  Z  V  T  F  U  B  Q  F  F  W  Z  T  W  G  G  T  N  V
R  E  L  L  E  T  S  Q  O  C  D  A  M  H  D  O  O  G  S  L
E  V  B  M  Z  T  M  E  P  A  M  C  K  I  L  M  P  E  E  T
T  I  E  R  A  E  H  L  V  W  E  C  H  K  X  E  J  Q  D  Y
Z  G  C  R  E  S  W  E  J  I  U  P  V  U  Y  P  N  Y  H  P
```

1 _____	2 _____	3 _____	4 _____
5 _____	6 _____	7 _____	8 _____
9 _____	10 _____	11 _____	12 _____
13 _____	14 _____	15 _____	16 _____
17 _____	18 _____	19 _____	20 _____

Zusatzaufgaben:

1. Ordne die Wörter nach dem Abc: A B C D E F G H I J K L M N O P Q R S T U V W X Y Z
2. Überlege dir mindestens ein Verb und ein Adjektiv mit „t" und bilde daraus zusammen mit den Nomen aus den Lösungswörtern einen „T-Satz".

Bernd Wehren: Rätselhafte Wörter-Suchsel · Best.Nr. 837
© Brigg Pädagogik Verlag GmbH, Augsburg

```
Z  P  E  J  N  P  X  E  L  U  M  T  H  L  U  A  T  K  M  C
Y  J  D  Y  O  G  L  T  B  E  T  O  A  P  D  I  F  T  U  L
Z  Q  A  T  D  S  G  A  U  Ü  H  C  D  N  G  L  A  C  A  Y
L  T  A  F  E  L  W  M  R  O  A  H  Q  E  T  S  R  R  R  K
R  E  J  S  L  L  E  O  X  X  P  T  R  V  C  E  B  K  T  L
K  Y  F  D  J  Y  E  T  B  Y  R  E  X  H  L  B  W  W  C  R
M  C  V  U  U  J  O  F  A  O  T  R  E  M  L  Y  I  O  I  H
Q  E  F  P  E  V  E  L  O  N  A  M  E  X  W  L  M  R  B  V
Z  Q  V  O  S  T  S  G  X  N  S  G  U  W  L  R  R  E  A  N
H  C  S  I  T  L  I  P  E  S  S  E  E  M  U  W  M  N  I  Q
T  I  R  X  D  T  A  C  Z  Z  E  A  W  T  W  B  A  O  E  X
R  O  Y  Q  O  N  E  Z  N  S  M  I  S  D  R  V  W  P  R  X
T  L  P  S  I  C  D  A  A  T  C  G  N  C  W  O  P  X  X  B
R  Q  R  F  E  P  T  H  H  O  T  E  B  K  D  E  T  K  P  K
I  N  H  L  D  M  H  T  N  V  I  B  T  V  R  J  A  E  B  J
U  T  Z  V  T  F  U  B  Q  F  F  W  Z  T  W  G  G  T  N  V
R  E  L  L  E  T  S  Q  O  C  D  A  M  H  D  O  O  G  S  L
E  V  B  M  Z  T  M  E  P  A  M  C  K  I  L  M  P  E  E  T
T  I  E  R  A  E  H  L  V  W  E  C  H  K  X  E  J  Q  D  Y
Z  G  C  R  E  S  W  E  J  I  U  P  V  U  Y  P  N  Y  H  P
```

Die 20 Lösungswörter nach dem Abc geordnet:

1 TAFEL	2 TAG	3 TANTE	4 TANZ
5 TASCHE	6 TASSE	7 TEE	8 TELEFON
9 TELLER	10 TEUFEL	11 TIER	12 TIGER
13 TISCH	14 TOCHTER	15 TOMATE	16 TOPF
17 TORTE	18 TRAUM	19 TREPPE	20 TÜR

Bernd Wehren: Rätselhafte Wörter-Suchsel · Best.Nr. 837
© Brigg Pädagogik Verlag GmbH, Augsburg

1. Kreise die 20 „U-Wörter" mit Bleistift ein. 2. Schreibe sie auf.

Tipp: Suche die Anfangsbuchstaben im Suchsel und lese von da aus in alle Richtungen: oben, unten, links, rechts, diagonal.

```
S  N  F  S  G  L  R  F  Q  A  X  S  L  Q  N  F  P  G  U  Y
R  L  X  U  C  U  N  U  N  W  A  I  U  I  X  O  Q  E  U  U
K  V  Z  E  W  R  N  A  E  U  U  P  I  F  E  Y  K  W  Z  Q
U  M  X  F  R  W  K  H  B  M  M  G  G  A  E  T  J  M  I  B
U  R  T  V  E  F  M  U  W  N  N  I  S  N  U  R  R  U  T  U
N  A  L  T  V  R  I  E  N  D  T  D  E  P  U  I  E  U  Y  H
T  N  T  A  O  A  L  P  B  T  S  N  Z  L  H  X  D  T  S  D
W  E  V  F  U  T  X  Q  K  G  E  K  Q  N  S  P  N  C  U  G
R  L  I  J  S  B  G  G  U  X  P  R  C  G  K  H  U  I  A  P
U  N  F  U  G  E  F  H  U  L  U  U  W  Ü  K  K  K  C  E  F
U  N  F  A  L  L  U  H  R  D  N  W  C  Ä  L  E  R  D  L  X
L  Q  C  P  T  R  K  Q  Y  M  T  G  T  U  S  G  U  N  Q  G
N  W  Z  G  T  R  L  N  K  W  E  T  C  D  F  C  N  D  U  Y
R  M  D  Y  R  U  M  K  D  Y  R  U  N  E  K  O  H  U  P  F
L  H  F  K  K  F  H  Q  J  P  R  R  N  D  L  T  E  E  U  D
Y  H  Q  M  X  S  A  Y  W  U  I  W  A  M  Y  V  D  Q  H  B
S  Z  S  K  M  Y  N  E  U  D  C  A  W  V  D  K  C  A  R  Y
X  Z  K  A  P  S  D  E  D  G  H  L  E  I  D  Z  G  S  K  J
O  F  U  R  B  T  F  V  T  R  T  D  X  J  H  T  B  L  W  S
G  A  L  H  C  S  M  U  D  F  Q  L  W  N  N  P  G  B  B  W
```

1 _____	2 _____	3 _____	4 _____
5 _____	6 _____	7 _____	8 _____
9 _____	10 _____	11 _____	12 _____
13 _____	14 _____	15 _____	16 _____
17 _____	18 _____	19 _____	20 _____

Zusatzaufgaben:

1. Ordne die Wörter nach dem Abc: A B C D E F G H I J K L M N O P Q R S T U V W X Y Z
2. Überlege dir mindestens ein Verb und ein Adjektiv mit „u" und bilde daraus zusammen mit den Nomen aus den Lösungswörtern einen „U-Satz".

Bernd Wehren: Rätselhafte Wörter-Suchsel · Best.Nr. 837
© Brigg Pädagogik Verlag GmbH, Augsburg

```
S  N  F  S  G  L  R  F  Q  A  X  S  L  Q  N  F  P  G  U  Y
R  L  X  U  C  U  N  U  N  W  A  I  U  I  X  O  Q  E  U  U
K  V  Z  E  W  R  N  A  E  U  U  P  I  F  E  Y  K  W  Z  Q
U  M  X  F  R  W  K  H  B  M  M  G  G  A  E  T  J  M  I  B
U  R  T  V  E  F  M  U  W  N  N  I  S  N  U  R  R  U  T  U
N  A  L  T  V  R  I  E  N  D  T  D  E  P  U  I  E  U  Y  H
T  N  T  A  O  A  L  P  B  T  S  N  Z  L  H  X  D  T  S  D
W  E  V  F  U  T  X  Q  K  G  E  K  Q  N  S  P  N  C  U  G
R  L  I  J  S  B  G  G  U  X  P  R  C  G  K  H  U  I  A  P
U  N  F  U  G  E  F  H  U  L  U  U  W  Ü  K  K  K  C  E  F
U  N  F  A  L  L  U  H  R  D  N  W  C  Ä  L  E  R  D  L  X
L  Q  C  P  T  R  K  Q  Y  M  T  G  T  U  S  G  U  N  Q  G
N  W  Z  G  T  R  L  N  K  W  E  T  C  D  F  C  N  D  U  Y
R  M  D  Y  R  U  M  K  D  Y  R  U  N  E  K  O  H  U  P  F
L  H  F  K  K  F  H  Q  J  P  R  R  N  D  L  T  E  E  U  D
Y  H  Q  M  X  S  A  Y  W  U  I  W  A  M  Y  V  D  Q  H  B
S  Z  S  K  M  Y  N  E  U  D  C  A  W  V  D  K  C  A  R  Y
X  Z  K  A  P  S  D  E  D  G  H  L  E  I  D  Z  G  S  K  J
O  F  U  R  B  T  F  V  T  R  T  D  X  J  H  T  B  L  W  S
G  A  L  H  C  S  M  U  D  F  Q  L  W  N  N  P  G  B  B  W
```

Die 20 Lösungswörter nach dem Abc geordnet:

1 UFER	2 UFO	3 UHR	4 UHU
5 UMSCHLAG	6 UMWEG	7 UMWELT	8 UMZUG
9 UNFALL	10 UNFUG	11 UNGLÜCK	12 UNIFORM
13 UNSINN	14 UNTERRICHT	15 UNTERWÄSCHE	16 UNWETTER
17 URKUNDE	18 URLAUB	19 URTEIL	20 URWALD

Bernd Wehren: Rätselhafte Wörter-Suchsel · Best.Nr. 837
© Brigg Pädagogik Verlag GmbH, Augsburg

1. Kreise die 20 „V-Wörter" mit Bleistift ein. 2. Schreibe sie auf.

   Tipp: Suche die Anfangsbuchstaben im Suchsel und lese von da aus in alle Richtungen: oben, unten,
   links, rechts, diagonal.

```
V  V  P  F  V  F  E  S  A  V  S  A  E  D  K  V  V  A  F  B
I  K  X  V  E  Q  S  F  L  E  U  B  J  C  A  E  Z  F  I  X
A  C  V  F  R  Y  C  I  S  F  L  L  E  M  R  H  V  R  S  X
M  R  D  N  B  D  T  N  I  W  O  T  K  L  D  G  E  L  J  J
P  G  P  V  R  N  B  S  S  Z  S  G  E  A  T  J  R  V  W  O
E  Y  R  M  E  Q  D  S  C  R  W  T  A  V  N  G  K  A  Z  J
V  Z  O  V  C  R  G  F  E  U  Z  H  O  L  E  R  E  T  F  A
C  E  Q  F  H  P  B  V  Z  U  L  G  R  X  H  K  H  E  I  R
D  C  R  G  E  C  H  A  N  L  E  B  J  T  N  C  R  R  S  J
K  B  W  G  N  T  S  G  N  L  Z  W  O  H  C  U  S  R  E  V
N  E  E  B  A  O  X  C  R  D  V  Y  N  A  D  K  N  R  H  C
E  M  D  M  M  N  R  C  V  V  P  U  N  R  N  X  S  P  O  M
H  A  X  L  N  S  G  V  A  N  I  L  L  E  P  P  V  R  C  V
C  N  Z  E  G  J  E  E  T  E  R  N  A  O  I  Q  U  J  P  V
L  R  O  A  T  N  R  G  N  U  L  L  E  T  S  R  O  V  E  D
I  O  P  Y  E  M  A  S  C  H  M  N  C  W  O  O  T  R  Q  V
E  V  N  R  V  K  K  H  K  W  E  U  C  A  Z  R  T  T  H  R
V  I  V  E  R  E  I  N  R  Z  L  I  A  X  A  R  G  Q  G  F
H  O  U  B  O  N  T  R  I  O  P  R  T  I  A  F  U  Y  P  K
E  A  B  L  C  I  B  W  T  Y  V  T  J  G  F  L  B  T  S  S
```

1 _____	2 _____	3 _____	4 _____
5 _____	6 _____	7 _____	8 _____
9 _____	10 _____	11 _____	12 _____
13 _____	14 _____	15 _____	16 _____
17 _____	18 _____	19 _____	20 _____

Zusatzaufgaben:

1. Ordne die Wörter nach dem Abc: A B C D E F G H I J K L M N O P Q R S T U V W X Y Z

2. Überlege dir mindestens ein Verb und ein Adjektiv mit „v" und bilde daraus zusammen mit den Nomen
   aus den Lösungswörtern einen „V-Satz".

Bernd Wehren: Rätselhafte Wörter-Suchsel · Best.Nr. 837
© Brigg Pädagogik Verlag GmbH, Augsburg

```
V  V  P  F  V  F  E  S  A  V  S  A  E  D  K  V  V  A  F  B
I  K  X  V  E  Q  S  F  L  E  U  B  J  C  A  E  Z  F  I  X
A  C  V  F  R  Y  C  I  S  F  L  L  E  M  R  H  V  R  S  X
M  R  D  N  B  D  T  N  I  W  O  T  K  L  D  G  E  L  J  J
P  G  P  V  R  N  B  S  S  Z  S  G  E  A  T  J  R  V  W  O
E  Y  R  M  E  Q  D  S  C  R  W  T  A  V  N  G  K  A  Z  J
V  Z  O  V  C  R  G  F  E  U  Z  H  O  L  E  R  E  T  F  A
C  E  Q  F  H  P  B  V  Z  U  L  G  R  X  H  K  H  E  I  R
D  C  R  G  E  C  H  A  N  L  E  B  J  T  N  C  R  R  S  J
K  B  W  G  N  T  S  G  N  L  Z  W  O  H  C  U  S  R  E  V
N  E  E  B  A  O  X  C  R  D  V  Y  N  A  D  K  N  R  H  C
E  M  D  M  M  N  R  C  V  V  P  U  N  R  N  X  S  P  O  M
H  A  X  L  N  S  G  V  A  N  I  L  L  E  P  P  V  R  C  V
C  N  Z  E  G  J  E  E  T  E  R  N  A  O  I  Q  U  J  P  V
L  R  O  A  T  N  R  G  N  U  L  L  E  T  S  R  O  V  E  D
I  O  P  Y  E  M  A  S  C  H  M  N  C  W  O  O  T  R  Q  V
E  V  N  R  V  K  K  H  K  W  E  U  C  A  Z  R  T  T  H  R
V  I  V  E  R  E  I  N  R  Z  L  I  A  X  A  R  G  Q  G  F
H  O  U  B  O  N  T  R  I  O  P  R  T  I  A  F  U  Y  P  K
E  A  B  L  C  I  B  W  T  Y  V  T  J  G  F  L  B  T  S  S
```

Die 20 Lösungswörter nach dem Abc geordnet:

1 VANILLE	2 VASE	3 VATER	4 VEILCHEN
5 VENTIL	6 VERBAND	7 VERBRECHEN	8 VEREIN
9 VERGANGENHEIT	10 VERKEHR	11 VERLETZUNG	12 VERSTECK
13 VERSUCH	14 VERTRAG	15 VOGEL	16 VORHANG
17 VORNAME	18 VORSCHLAG	19 VORSTELLUNG	20 VULKAN

1. Kreise die 20 „W-Wörter" mit Bleistift ein. 2. Schreibe sie auf.

Tipp: Suche die Anfangsbuchstaben im Suchsel und lese von da aus in alle Richtungen: oben, unten, links, rechts, diagonal.

```
R  Z  J  Y  W  E  K  A  S  A  J  W  T  T  W  I  D  H  S  M
M  E  X  Y  D  A  M  R  U  W  O  M  Y  H  E  O  T  C  C  J
Z  P  T  N  E  M  S  D  A  R  S  X  W  W  T  H  C  S  V  T
I  U  U  N  L  B  H  S  T  U  W  F  W  Y  T  R  C  N  S  E
Y  W  M  B  I  U  I  B  E  E  L  P  I  C  E  N  Y  U  A  C
O  F  H  G  F  W  U  A  I  R  W  K  G  Q  R  H  P  W  Q  B
P  C  C  T  H  Z  Z  H  G  N  U  N  H  O  W  U  R  Z  E  L
Z  J  V  R  L  M  N  B  G  C  R  W  J  Z  F  W  L  E  T  B
T  N  V  P  W  A  W  U  R  S  T  O  B  H  T  N  P  A  V  N
W  M  Y  I  C  X  W  Q  S  A  U  L  B  M  U  Q  G  W  Z  D
V  G  E  H  Q  A  A  I  J  O  O  F  S  T  J  V  B  G  I  S
D  S  T  C  X  L  U  U  N  Y  E  O  Y  I  T  B  B  E  T  Q
E  E  V  V  E  I  V  B  C  D  Y  T  T  X  S  O  P  L  Z  L
N  K  F  F  E  O  N  Z  E  S  C  I  U  B  Q  Q  Y  E  S  E
S  W  R  V  Q  K  M  L  U  Y  E  S  W  C  B  B  W  L  Q  O
G  Ü  C  M  R  K  L  O  D  S  F  Y  P  X  E  C  I  L  E  E
W  Z  K  F  N  T  Z  O  D  L  F  K  Y  Q  M  L  Q  O  N  H
A  J  I  F  G  N  J  V  W  V  A  Y  U  S  V  G  G  W  K  S
T  K  F  V  K  Z  E  T  A  Z  V  W  K  Y  B  J  U  R  F  Z
S  Y  Y  T  Y  E  H  C  O  W  W  E  A  L  T  X  E  C  L  V
```

1 _____	2 _____	3 _____	4 _____
5 _____	6 _____	7 _____	8 _____
9 _____	10 _____	11 _____	12 _____
13 _____	14 _____	15 _____	16 _____
17 _____	18 _____	19 _____	20 _____

Zusatzaufgaben:

1. Ordne die Wörter nach dem Abc: A B C D E F G H I J K L M N O P Q R S T U V W X Y Z
2. Überlege dir mindestens ein Verb und ein Adjektiv mit „w" und bilde daraus zusammen mit den Nomen aus den Lösungswörtern einen „W-Satz".

Bernd Wehren: Rätselhafte Wörter-Suchsel · Best.Nr. 837
© Brigg Pädagogik Verlag GmbH, Augsburg

```
R  Z  J  Y  W  E  K  A  S  A  J  W  T  T  W  I  D  H  S  M
M  E  X  Y  D  A  M  R  U  W  O  M  Y  H  E  O  T  C  C  J
Z  P  T  N  E  M  S  D  A  R  S  X  W  W  T  H  C  S  V  T
I  U  U  N  L  B  H  S  T  U  W  F  W  Y  T  R  C  N  S  E
Y  W  M  B  I  U  I  B  E  E  L  P  I  C  E  N  Y  U  A  C
O  F  H  G  F  W  U  A  I  R  W  K  G  Q  R  H  P  W  Q  B
P  C  C  T  H  Z  Z  H  G  N  U  N  H  O  W  U  R  Z  E  L
Z  J  V  R  L  M  N  B  G  C  R  W  J  Z  F  W  L  E  T  B
T  N  V  P  W  A  W  U  R  S  T  O  B  H  T  N  P  A  V  N
W  M  Y  I  C  X  W  Q  S  A  U  L  B  M  U  Q  G  W  Z  D
V  G  E  H  Q  A  A  I  J  O  O  F  S  T  J  V  B  G  I  S
D  S  T  C  X  L  U  U  N  Y  E  O  Y  I  T  B  B  E  T  Q
E  E  V  V  E  I  V  B  C  D  Y  T  T  X  S  O  P  L  Z  L
N  K  F  F  E  O  N  Z  E  S  C  I  U  B  Q  Q  Y  E  S  E
S  W  R  V  Q  K  M  L  U  Y  E  S  W  C  B  B  W  L  Q  O
G  Ü  C  M  R  K  L  O  D  S  F  Y  P  X  E  C  I  L  E  E
W  Z  K  F  N  T  Z  O  D  L  F  K  Y  Q  M  L  Q  O  N  H
A  J  I  F  G  N  J  V  W  V  A  Y  U  S  V  G  G  W  K  S
T  K  F  V  K  Z  E  T  A  Z  V  W  K  Y  B  J  U  R  F  Z
S  Y  Y  T  Y  E  H  C  O  W  W  E  A  L  T  X  E  C  L  V
```

Die 20 Lösungswörter nach dem Abc geordnet:

1 WALD	2 WASSER	3 WEIHNACHTEN	4 WETTER
5 WIESE	6 WIND	7 WINTER	8 WOCHE
9 WOHNUNG	10 WOLF	11 WOLKE	12 WOLLE
13 WORT	14 WUNDE	15 WUNSCH	16 WÜRFEL
17 WURM	18 WURST	19 WURZEL	20 WUT

Bernd Wehren: Rätselhafte Wörter-Suchsel · Best.Nr. 837
© Brigg Pädagogik Verlag GmbH, Augsburg

1. Kreise die 20 „XY-Wörter" mit Bleistift ein. 2. Schreibe sie auf.

Tipp: Suche die Anfangsbuchstaben im Suchsel und lese von da aus in alle Richtungen: oben, unten, links, rechts, diagonal.

Achtung: Bei diesem Suchsel stehen X und Y nicht immer am Wortanfang!

P	H	I	R	L	I	T	L	M	Z	L	N	D	R	A	K	Q	V	J	O
L	Y	A	X	X	C	R	U	Y	Y	N	O	K	I	X	E	L	U	G	F
K	O	R	N	A	L	E	X	S	L	C	X	R	B	J	T	X	N	Y	O
Q	O	B	A	D	T	X	U	I	I	T	E	D	D	Y	A	K	O	L	J
O	Z	B	M	M	Y	O	S	E	N	E	X	E	H	M	H	G	Y	G	I
T	V	E	X	Y	I	B	F	A	D	Y	U	H	X	F	A	O	O	T	W
F	G	Z	Q	Y	S	D	E	E	E	F	I	A	U	B	X	A	R	X	D
H	D	X	H	R	B	L	E	X	R	C	I	C	O	D	C	Y	C	X	J
X	P	U	R	K	Y	L	D	I	B	D	Q	E	D	N	B	Q	B	L	G
Z	R	S	E	D	Q	V	C	N	W	K	X	Z	D	A	X	R	W	D	H
J	K	T	X	O	I	Y	N	G	R	T	A	Q	B	L	E	X	M	L	T
P	H	O	Y	M	K	C	B	O	N	H	F	B	H	X	J	W	P	K	R
D	M	T	X	X	B	U	X	R	N	J	O	Z	Y	B	O	U	A	Z	A
D	A	J	H	G	E	E	K	N	Q	J	I	L	O	K	J	Q	B	Y	U
F	X	W	A	P	B	U	J	L	A	O	O	C	E	R	J	C	X	S	D
V	T	U	D	Z	L	X	Y	B	X	F	V	B	E	T	L	P	Q	A	O
G	Y	M	N	A	S	T	I	K	O	S	Z	X	O	D	A	D	Q	V	N
F	S	Q	F	D	F	T	F	N	E	L	I	H	F	X	O	B	H	V	J
F	N	L	S	T	H	B	G	D	L	M	Y	U	C	T	P	K	Y	M	A
M	U	E	L	D	J	U	S	E	V	Z	R	U	V	U	F	W	B	F	U

1 _____	2 _____	3 _____	4 _____
5 _____	6 _____	7 _____	8 _____
9 _____	10 _____	11 _____	12 _____
13 _____	14 _____	15 _____	16 _____
17 _____	18 _____	19 _____	20 _____

Zusatzaufgaben:

1. Ordne die Wörter nach dem Abc: A B C D E F G H I J K L M N O P Q R S T U V W X Y Z

2. Überlege dir mindestens ein Verb und ein Adjektiv mit „x" oder „y" und bilde daraus zusammen mit den Nomen aus den Lösungswörtern einen „X-" oder einen „Y-Satz".

Bernd Wehren: Rätselhafte Wörter-Suchsel · Best.Nr. 837
© Brigg Pädagogik Verlag GmbH, Augsburg

```
P  H  I  R  L  I  T  L  M  Z  L  N  D  R  A  K  Q  V  J  O
L  Y  A  X  X  C  R  U  Y  Y  N  O  K  I  X  E  L  U  G  F
K  O  R  N  A  L  E  X  S  L  C  X  R  B  J  T  X  N  Y  O
Q  O  B  A  D  T  X  U  I  I  T  E  D  D  Y  A  K  O  L  J
O  Z  B  M  M  Y  O  S  E  N  E  X  E  H  M  H  G  Y  G  I
T  V  E  X  Y  I  B  F  A  D  Y  U  H  X  F  A  O  O  T  W
F  G  Z  Q  Y  S  D  E  E  F  I  A  U  B  X  A  R  X  D
H  D  X  H  R  B  L  E  X  R  C  I  C  O  D  C  Y  C  X  J
X  P  U  R  K  Y  L  D  I  B  D  Q  E  D  N  B  Q  B  L  G
Z  R  S  E  D  Q  V  C  N  W  K  X  Z  D  A  X  R  W  D  H
J  K  T  X  O  I  Y  N  G  R  T  A  Q  B  L  E  X  M  L  T
P  H  O  Y  M  K  C  B  O  N  H  F  B  H  X  J  W  P  K  R
D  M  T  X  X  B  U  X  R  N  J  O  Z  Y  B  O  U  A  Z  A
D  A  J  H  G  E  E  K  N  Q  J  I  L  O  K  J  Q  B  Y  U
F  X  W  A  P  B  U  J  L  A  O  O  C  E  R  J  C  X  S  D
V  T  U  D  Z  L  X  Y  B  X  F  V  B  E  T  L  P  Q  A  O
G  Y  M  N  A  S  T  I  K  O  S  Z  X  O  D  A  D  Q  V  N
F  S  Q  F  D  F  T  F  N  E  L  I  H  F  X  O  B  H  V  J
F  N  L  S  T  H  B  G  D  L  M  Y  U  C  T  P  K  Y  M  A
M  U  E  L  D  J  U  S  E  V  Z  R  U  V  U  F  W  B  F  U
```

Die 20 Lösungswörter nach dem Abc geordnet:

1 AXT	2 BABY	3 BOX	4 BOXER
5 GYMNASTIK	6 HANDY	7 HEXE	8 JUX
9 LEXIKON	10 LUXUS	11 MIXER	12 NIXE
13 PYRAMIDE	14 SYMBOL	15 TAXI	16 TEDDY
17 XYLOFON	18 YAK	19 YOGA	20 ZYLINDER

1. Kreise die 20 „Z-Wörter" mit Bleistift ein. 2. Schreibe sie auf.

Tipp: Suche die Anfangsbuchstaben im Suchsel und lese von da aus in alle Richtungen: oben, unten, links, rechts, diagonal.

W	B	S	X	Z	F	Z	G	T	I	S	T	X	D	H	X	P	R	E	Z
M	E	S	O	I	E	F	W	D	Y	L	K	H	B	Y	Z	J	X	N	A
T	X	L	A	E	J	U	U	E	E	F	Y	W	P	C	T	O	Z	U	B
J	Y	A	E	G	S	J	G	Z	Z	E	I	T	U	N	G	W	O	A	C
I	D	C	C	E	Z	U	M	N	K	O	Z	Y	Z	R	I	F	O	Z	S
P	X	G	R	T	L	R	K	O	I	V	U	F	Z	E	H	U	H	E	R
U	W	W	T	E	Z	U	G	R	D	S	G	A	B	K	L	O	G	U	M
X	Z	Q	B	Y	P	P	R	C	I	L	P	E	J	C	L	N	Q	T	F
M	B	X	R	P	O	E	D	V	O	Z	L	N	N	U	A	Y	R	N	J
O	T	Z	I	T	R	Z	E	B	R	A	Y	E	H	Z	O	V	U	R	F
S	T	C	D	E	Z	N	X	I	O	C	U	U	B	A	G	Q	Y	Z	P
O	H	T	B	I	I	N	F	U	T	W	P	M	G	T	Z	E	N	N	J
J	E	U	A	P	T	N	I	S	Z	C	M	Y	V	I	S	Q	P	Y	Q
V	A	K	J	U	R	Z	J	G	Z	W	S	U	S	W	L	H	A	Z	K
Z	Y	W	S	F	O	N	W	E	Y	E	Z	F	U	E	T	W	H	L	M
F	C	Y	S	P	N	W	Z	E	Y	V	Z	Q	D	E	N	U	T	J	G
V	Z	A	M	X	E	W	U	P	R	T	A	U	R	R	G	M	B	R	C
P	R	A	O	Z	E	K	G	W	M	G	E	R	V	A	H	F	N	F	H
O	S	B	P	I	K	G	T	V	Y	B	B	C	A	T	Q	Q	U	K	V
U	K	P	G	O	B	J	O	O	P	K	V	R	E	M	M	I	Z	W	R

1 _____	2 _____	3 _____	4 _____
5 _____	6 _____	7 _____	8 _____
9 _____	10 _____	11 _____	12 _____
13 _____	14 _____	15 _____	16 _____
17 _____	18 _____	19 _____	20 _____

Zusatzaufgaben:

1. Ordne die Wörter nach dem Abc: A B C D E F G H I J K L M N O P Q R S T U V W X Y Z
2. Überlege dir mindestens ein Verb und ein Adjektiv mit „z" und bilde daraus zusammen mit den Nomen aus den Lösungswörtern einen „Z-Satz".

Bernd Wehren: Rätselhafte Wörter-Suchsel · Best.Nr. 837
© Brigg Pädagogik Verlag GmbH, Augsburg

W	B	S	X	Z	F	Z	G	T	I	S	T	X	D	H	X	P	R	E	Z
M	E	S	O	I	E	F	W	D	Y	L	K	H	B	Y	Z	J	X	N	A
T	X	L	A	E	J	U	U	E	E	F	Y	W	P	C	T	O	Z	U	B
J	Y	A	E	G	S	J	G	Z	Z	E	I	T	U	N	G	W	O	A	C
I	D	C	C	E	Z	U	M	N	K	O	Z	Y	Z	R	I	F	O	Z	S
P	X	G	R	T	L	R	K	O	I	V	U	F	Z	E	H	U	H	E	R
U	W	W	T	E	Z	U	G	R	D	S	G	A	B	K	L	O	G	U	M
X	Z	Q	B	Y	P	P	R	C	I	L	P	E	J	C	L	N	Q	T	F
M	B	X	R	P	O	E	D	V	O	Z	L	N	N	U	A	Y	R	N	J
O	T	Z	I	T	R	Z	E	B	R	A	Y	E	H	Z	O	V	U	R	F
S	T	C	D	E	Z	N	X	I	O	C	U	U	B	A	G	Q	Y	Z	P
O	H	T	B	I	I	N	F	U	T	W	P	M	G	T	Z	E	N	N	J
J	E	U	A	P	T	N	I	S	Z	C	M	Y	V	I	S	Q	P	Y	Q
V	A	K	J	U	R	Z	J	G	Z	W	S	U	S	W	L	H	A	Z	K
Z	Y	W	S	F	O	N	W	E	Y	E	Z	F	U	E	T	W	H	L	M
F	C	Y	S	P	N	W	Z	E	Y	V	Z	Q	D	E	N	U	T	J	G
V	Z	A	M	X	E	W	U	P	R	T	A	U	R	R	G	M	B	R	C
P	R	A	O	Z	E	K	G	W	M	G	E	R	V	A	H	F	N	F	H
O	S	B	P	I	K	G	T	V	Y	B	B	C	A	T	Q	Q	U	K	V
U	K	P	G	O	B	J	O	O	P	K	V	R	E	M	M	I	Z	W	R

Die 20 Lösungswörter nach dem Abc geordnet:

1 ZAHL	2 ZAHN	3 ZANGE	4 ZAUBERER
5 ZAUN	6 ZEBRA	7 ZEH	8 ZEITUNG
9 ZELT	10 ZEUGNIS	11 ZIEGE	12 ZIMMER
13 ZIRKUS	14 ZITRONE	15 ZOO	16 ZUCKER
17 ZUG	18 ZWEIG	19 ZWERG	20 ZWIEBEL

Bernd Wehren: Rätselhafte Wörter-Suchsel · Best.Nr. 837
© Brigg Pädagogik Verlag GmbH, Augsburg

1. Kreise die 12 „gehen-Wörter" mit Bleistift ein. 2. Schreibe sie auf.

```
D  P  A  I  N  V  K  B  A  N  P  N  F  W  Q
Q  Q  G  J  X  E  W  Z  E  B  R  M  L  F  J
B  E  S  H  W  A  T  N  X  E  C  P  Ü  Y  V
X  K  X  P  N  W  N  T  D  J  X  K  C  V  J
E  L  H  D  A  E  A  N  O  Q  I  Q  H  Y  F
T  I  E  D  R  Z  E  I  N  R  T  S  T  I  N
R  R  L  F  F  L  I  F  Y  O  T  W  E  H  U
N  D  B  E  H  N  L  E  M  M  U  B  N  C  L
H  P  W  C  N  N  E  T  R  N  D  S  W  F  M
Q  P  S  H  A  S  T  E  N  E  A  J  L  X  L
S  U  R  C  C  V  D  Y  U  F  N  A  H  O  L
G  E  G  Q  F  Z  B  Z  C  U  B  G  B  L  Q
S  C  H  R  E  I  T  E  N  A  O  E  G  Y  E
E  Y  R  U  I  Z  E  Q  V  L  L  N  H  C  I
N  N  L  N  Q  O  H  B  W  H  B  I  Q  P  T
```

1	**TR**_____	2	**SC**_____	3	**FL**_____
4	**RE**_____	5	**SP**_____	6	**HA**_____
7	**BU**_____	8	**WA**_____	9	**EI**_____
10	**JA**_____	11	**SC**_____	12	**LA**_____

Zusatzaufgaben:
1. Ordne die Wörter nach dem Abc: A B C D E F G H I J K L M N O P Q R S T U V W X Y Z
2. Bilde mit mehreren Lösungswörtern einen Nonsens-Satz. Schreibe ihn auf.

Bernd Wehren: Rätselhafte Wörter-Suchsel · Best.Nr. 837
© Brigg Pädagogik Verlag GmbH, Augsburg

D	P	A	I	N	V	K	B	A	N	P	N	F	W	Q
Q	Q	G	J	X	E	W	Z	E	B	R	M	L	F	J
B	E	S	H	W	A	T	N	X	E	C	P	Ü	Y	V
X	K	X	P	N	W	N	T	D	J	X	K	C	V	J
E	L	H	D	A	E	A	N	O	Q	I	Q	H	Y	F
T	I	E	D	R	Z	E	I	N	R	T	S	T	I	N
R	R	L	F	F	L	I	F	Y	O	T	W	E	H	U
N	D	B	E	H	N	L	E	M	M	U	B	N	C	L
H	P	W	C	N	N	E	T	R	N	D	S	W	F	M
Q	P	S	H	A	S	T	E	N	E	A	J	L	X	L
S	U	R	C	C	V	D	Y	U	F	N	A	H	O	L
G	E	G	Q	F	Z	B	Z	C	U	B	G	B	L	Q
S	C	H	R	E	I	T	E	N	A	O	E	G	Y	E
E	Y	R	U	I	Z	E	Q	V	L	L	N	H	C	I
N	N	L	N	Q	O	H	B	W	H	B	I	Q	P	T

Bernd Wehren: Rätselhafte Wörter-Suchsel · Best.Nr. 837
© Brigg Pädagogik Verlag GmbH, Augsburg

Die 12 Lösungswörter nach dem Abc geordnet:

1	BUMMELN	2	EILEN	3	FLÜCHTEN
4	HASTEN	5	JAGEN	6	LAUFEN
7	RENNEN	8	SCHLENDERN	9	SCHREITEN
10	SPAZIEREN	11	TROTTEN	12	WANDERN

1. Kreise die 12 „sagen-Wörter" mit Bleistift ein. 2. Schreibe sie auf.

```
N   N   N   X   M   R   N   X   R   F   P   J   A   E   C

N   E   G   E   L   V   M   O   L   C   Q   G   O   R   F

F   T   T   X   G   Q   E   Ü   I   W   D   U   R   K   T

V   P   R   R   F   A   S   R   U   Y   W   H   U   L   P

G   U   K   Z   O   T   R   N   M   Q   N   K   U   Ä   J

H   A   P   W   E   W   E   F   N   U   I   B   P   R   I

S   H   Q   R   Y   F   T   E   J   R   T   V   H   E   V

D   E   N   I   U   Q   L   N   K   O   U   E   C   N   U

L   B   H   R   M   H   G   M   A   Y   M   L   N   K   U

C   H   A   Y   Ä   N   E   N   I   E   M   C   E   I   F

Y   V   F   Z   S   P   R   E   C   H   E   N   T   M   L

K   N   R   U   C   X   S   H   S   C   K   Q   T   N   D

X   E   M   B   S   A   B   V   H   Z   G   M   I   X   S

S   I   S   K   K   X   G   J   G   U   R   T   B   Z   X

N   E   B   I   E   R   H   C   S   E   B   M   E   P   U
```

1 **BE**_____	2 **ER**_____	3 **ME**_____
4 **VE**_____	5 **FR**_____	6 **AN**_____
7 **FL**_____	8 **RU**_____	9 **SP**_____
10 **BI**_____	11 **ER**_____	12 **BE**_____

Zusatzaufgaben:

1. Ordne die Wörter nach dem Abc: A B C D E F G H I J K L M N O P Q R S T U V W X Y Z

2. Bilde mit mehreren Lösungswörtern einen Nonsens-Satz. Schreibe ihn auf.

Bernd Wehren: Rätselhafte Wörter-Suchsel · Best.Nr. 837
© Brigg Pädagogik Verlag GmbH, Augsburg

```
N  N  N  X  M  R  N  X  R  F  P  J  A  E  C
N  E  G  E  L  V  M  O  L  C  Q  G  O  R  F
F  T  T  X  G  Q  E  Ü  I  W  D  U  R  K  T
V  P  R  R  F  A  S  R  U  Y  W  H  U  L  P
G  U  K  Z  O  T  R  N  M  Q  N  K  U  Ä  J
H  A  P  W  E  W  E  F  N  U  I  B  P  R  I
S  H  Q  R  Y  F  T  E  J  R  T  V  H  E  V
D  E  N  I  U  Q  L  N  K  O  U  E  C  N  U
L  B  H  R  M  H  G  M  A  Y  M  L  N  K  U
C  H  A  Y  Ä  N  E  N  I  E  M  C  E  I  F
Y  V  F  Z  S  P  R  E  C  H  E  N  T  M  L
K  N  R  U  C  X  S  H  S  C  K  Q  T  N  D
X  E  M  B  S  A  B  V  H  Z  G  M  I  X  S
S  I  S  K  K  X  G  J  G  U  R  T  B  Z  X
N  E  B  I  E  R  H  C  S  E  B  M  E  P  U
```

Die 12 Lösungswörter nach dem Abc geordnet:

1 ANTWORTEN	2 BEHAUPTEN	3 BESCHREIBEN
4 BITTEN	5 ERKLÄREN	6 ERZÄHLEN
7 FLÜSTERN	8 FRAGEN	9 MEINEN
10 RUFEN	11 SPRECHEN	12 VERMUTEN

1. Kreise die 12 „machen-Wörter" mit Bleistift ein. 2. Schreibe sie auf.

```
H   N   P   P   L   L   F   B   U   T   P   A   I   Ä   N
N   Q   I   Z   N   I   S   P   N   R   A   I   N   H   E
Y   R   G   E   S   T   A   L   T   E   N   D   E   F   G
V   X   E   O   S   P   S   L   E   E   E   R   B   S   I
C   E   E   S   Q   P   D   B   R   R   S   X   E   Z   D
B   P   R   I   S   Q   P   H   N   T   S   J   E   P   E
W   A   T   A   T   E   Ü   B   E   T   Q   D   N   F   L
N   U   S   J   N   F   B   L   H   N   U   T   D   Q   R
H   O   V   T   S   S   L   R   M   D   L   N   E   E   E
W   H   D   U   E   E   T   C   E   Q   E   X   N   S   N
V   I   A   O   N   L   Q   A   N   V   R   P   R   E   U
A   B   Y   V   H   G   N   Q   L   I   M   I   Y   B   M
U   L   D   V   J   A   Q   P   E   T   L   G   Q   B   D
J   X   N   E   T   I   E   B   R   A   E   B   I   G   I
I   P   D   Z   R   W   T   H   T   Z   N   N   Q   W   I
```

1 **ÄN**_____	2 **VE**_____	3 **TU**_____
4 **BE**_____	5 **UN**_____	6 **GE**_____
7 **VE**_____	8 **AU**_____	9 **BE**_____
10 **HE**_____	11 **BA**_____	12 **ER**_____

Zusatzaufgaben:
1. Ordne die Wörter nach dem Abc: A B C D E F G H I J K L M N O P Q R S T U V W X Y Z
2. Bilde mit mehreren Lösungswörtern einen Nonsens-Satz. Schreibe ihn auf.

Bernd Wehren: Rätselhafte Wörter-Suchsel · Best.Nr. 837
© Brigg Pädagogik Verlag GmbH, Augsburg

H	N	P	P	L	L	F	B	U	T	P	A	I	Ä	N
N	Q	I	Z	N	I	S	P	N	R	A	I	N	H	E
Y	R	G	E	S	T	A	L	T	E	N	D	E	F	G
V	X	E	O	S	P	S	L	E	E	E	R	B	S	I
C	E	E	S	Q	P	D	B	R	R	S	X	E	Z	D
B	P	R	I	S	Q	P	H	N	T	S	J	E	P	E
W	A	T	A	T	E	Ü	B	E	T	Q	D	N	F	L
N	U	S	J	N	F	B	L	H	N	U	T	D	Q	R
H	O	V	T	S	S	L	R	M	D	L	N	E	E	E
W	H	D	U	E	E	T	C	E	Q	E	X	N	S	N
V	I	A	O	N	L	Q	A	N	V	R	P	R	E	U
A	B	Y	V	H	G	N	Q	L	I	M	I	Y	B	M
U	L	D	V	J	A	Q	P	E	T	L	G	Q	B	D
J	X	N	E	T	I	E	B	R	A	E	B	I	G	I
I	P	D	Z	R	W	T	H	T	Z	N	N	Q	W	I

Die 12 Lösungswörter nach dem Abc geordnet:

1 ÄNDERN	2 AUSFÜHREN	3 BASTELN
4 BEARBEITEN	5 BEENDEN	6 ERLEDIGEN
7 GESTALTEN	8 HERSTELLEN	9 TUN
10 UNTERNEHMEN	11 VERANSTALTEN	12 VERBESSERN

1. Kreise die 12 „lachen-weinen-Wörter" mit Bleistift ein. 2. Schreibe sie auf.

N	G	S	V	V	C	G	N	U	A	O	J	E	A	N
X	E	O	C	E	Q	R	L	W	S	A	S	K	G	E
J	L	L	I	H	E	C	I	V	C	M	Z	D	Q	S
P	U	X	H	H	L	M	X	B	H	Ü	K	N	E	N
A	H	B	C	A	M	U	M	T	M	S	M	S	H	I
K	J	I	E	E	R	R	C	E	U	I	Q	V	Z	R
N	K	L	R	L	V	T	R	H	N	E	P	J	T	G
F	J	N	H	J	N	H	S	W	Z	R	Q	H	J	B
O	B	P	X	S	E	V	U	F	E	E	I	Y	C	Z
X	J	P	J	I	P	G	J	F	L	N	N	B	W	C
I	S	P	T	D	N	K	V	N	N	I	H	X	I	B
F	F	E	N	E	L	U	E	H	I	M	V	R	G	D
V	R	N	E	Z	H	C	U	A	J	A	K	J	G	A
N	Z	Z	K	J	Q	K	M	M	M	M	W	Z	I	A
B	B	E	M	W	I	J	A	M	M	E	R	N	V	U

1	**WI**_____	2	**SC**_____	3	**ST**_____
4	**JA**_____	5	**HE**_____	6	**SC**_____
7	**KI**_____	8	**JU**_____	9	**GR**_____
10	**AM**_____	11	**ER**_____	12	**JA**_____

Zusatzaufgaben:

1. Ordne die Wörter nach dem Abc: A B C D E F G H I J K L M N O P Q R S T U V W X Y Z
2. Bilde mit mehreren Lösungswörtern einen Nonsens-Satz. Schreibe ihn auf.

Bernd Wehren: Rätselhafte Wörter-Suchsel · Best.Nr. 837
© Brigg Pädagogik Verlag GmbH, Augsburg

N	G	S	V	V	C	G	N	U	A	O	J	E	A	N
X	E	O	C	E	Q	R	L	W	S	A	S	K	G	E
J	L	L	I	H	E	C	I	V	C	M	Z	D	Q	S
P	U	X	H	H	L	M	X	B	H	Ü	K	N	E	N
A	H	B	C	A	M	U	M	T	M	S	M	S	H	I
K	J	I	E	E	R	R	C	E	U	I	Q	V	Z	R
N	K	L	R	L	V	T	R	H	N	E	P	J	T	G
F	J	N	H	J	N	H	S	W	Z	R	Q	H	D	B
O	B	P	X	S	E	V	U	F	E	E	I	Y	C	Z
X	J	P	J	I	P	G	J	F	L	N	N	B	W	C
I	S	P	T	D	N	K	V	N	N	I	H	X	I	B
F	F	E	N	E	L	U	E	H	I	M	V	R	G	D
V	R	N	E	Z	H	C	U	A	J	A	K	J	G	A
N	Z	Z	K	J	Q	K	M	M	M	M	W	Z	I	A
B	B	E	M	W	I	J	A	M	M	E	R	N	V	U

Die 12 Lösungswörter nach dem Abc geordnet:

1	AMÜSIEREN	2	ERHEITERN	3	GRINSEN
4	HEULEN	5	JAMMERN	6	JAUCHZEN
7	JUBELN	8	KICHERN	9	SCHLUCHZEN
10	SCHMUNZELN	11	STRAHLEN	12	WIMMERN

Bernd Wehren: Rätselhafte Wörter-Suchsel · Best.Nr. 837
© Brigg Pädagogik Verlag GmbH, Augsburg

1. Kreise die 12 „sehen-Wörter" mit Bleistift ein. 2. Schreibe sie auf.

E	L	C	E	I	L	O	U	P	N	N	W	Z	O	N
R	G	I	Q	T	E	B	J	D	E	S	W	K	E	H
B	U	M	N	N	B	Y	H	G	V	I	Q	R	I	F
L	C	F	I	S	W	E	I	X	N	O	E	D	B	P
I	K	X	F	P	E	T	T	K	E	I	Y	Y	E	G
C	E	N	A	A	H	N	E	R	T	Z	T	H	K	J
K	N	G	L	C	N	R	J	S	A	L	K	P	G	N
E	M	S	I	J	N	H	Z	B	B	C	C	V	R	W
N	N	S	U	S	B	E	O	B	A	C	H	T	E	N
I	E	R	S	T	A	R	R	E	N	E	L	T	L	K
B	Z	F	E	O	M	J	J	N	V	B	K	D	E	Z
T	T	J	R	T	K	N	E	U	A	H	C	S	U	N
M	O	T	A	G	S	H	B	D	D	F	I	J	D	G
A	L	R	L	V	V	U	W	G	N	O	K	T	B	F
C	G	Z	O	H	F	U	M	X	L	S	Z	W	F	P

1 **BE** _____   2 **GL** _____   3 **ZW** _____

4 **ER** _____   5 **BE** _____   6 **GU** _____

7 **MU** _____   8 **LI** _____   9 **ST** _____

10 **ST** _____   11 **BE** _____   12 **SC** _____

Zusatzaufgaben:
1. Ordne die Wörter nach dem Abc: A B C D E F G H I J K L M N O P Q R S T U V W X Y Z
2. Bilde mit mehreren Lösungswörtern einen Nonsens-Satz. Schreibe ihn auf.

Bernd Wehren: Rätselhafte Wörter-Suchsel · Best.Nr. 837
© Brigg Pädagogik Verlag GmbH, Augsburg

```
E  L  C  E  I  L  O  U  P  N  N  W  Z  O  N
R  G  I  Q  T  E  B  J  D  E  S  W  K  E  H
B  U  M  N  N  B  Y  H  G  V  I  Q  R  I  F
L  C  F  I  S  W  E  I  X  N  O  E  D  B  P
I  K  X  F  P  E  T  T  K  E  I  Y  Y  E  G
C  E  N  A  A  H  N  E  R  T  Z  T  H  K  J
K  N  G  L  C  N  R  J  S  A  L  K  P  G  N
E  M  S  I  J  N  H  Z  B  B  C  C  V  R  W
N  N  S  U  S  B  E  O  B  A  C  H  T  E  N
I  E  R  S  T  A  R  R  E  N  E  L  T  L  K
B  Z  F  E  O  M  J  J  N  V  B  K  D  E  Z
T  T  J  R  T  K  N  E  U  A  H  C  S  U  N
M  O  T  A  G  S  H  B  D  D  F  I  J  D  G
A  L  R  L  V  V  U  W  G  N  O  K  T  B  F
C  G  Z  O  H  F  U  M  X  L  S  Z  W  F  P
```

Bernd Wehren: Rätselhafte Wörter-Suchsel · Best.Nr. 837
© Brigg Pädagogik Verlag GmbH, Augsburg

Die 12 Lösungswörter nach dem Abc geordnet:

1 BEOBACHTEN	2 BESICHTIGEN	3 BETRACHTEN
4 ERBLICKEN	5 GLOTZEN	6 GUCKEN
7 LINSEN	8 MUSTERN	9 SCHAUEN
10 STARREN	11 STIEREN	12 ZWINKERN

1. Kreise die 12 „denken-Wörter" mit Bleistift ein. 2. Schreibe sie auf.

```
N  N  S  X  N  N  Y  S  T  Q  N  E  N  S  N
E  E  N  I  E  E  G  W  W  R  B  R  L  L  L
P  K  R  N  N  B  G  U  K  E  G  M  E  Z  U
H  N  I  E  C  N  H  Ä  S  L  O  E  B  T  Z
N  E  G  H  I  U  I  I  W  G  V  S  Ü  K  H
M  D  M  G  D  S  N  E  F  B  N  S  R  P  N
Q  H  W  F  F  N  A  I  R  E  A  E  G  Z  S
I  C  B  Q  E  J  Q  T  K  E  V  N  R  I  T
Q  R  B  N  H  C  K  N  N  R  N  Z  O  L  K
J  U  U  Z  L  P  E  L  A  A  H  N  E  N  O
S  D  Y  J  E  D  B  I  Z  F  F  O  K  P  J
P  B  K  Q  H  T  A  K  C  I  T  P  L  Y  I
J  X  S  C  Ü  B  E  R  L  E  G  E  N  S  I
Q  U  A  X  X  N  E  M  H  E  N  N  A  X  F
G  N  D  S  S  G  W  M  W  R  G  U  T  W  J
```

1	**ÜB**_____	2	**SI**_____	3	**AH**_____
4	**NA**_____	5	**ER**_____	6	**GR**_____
7	**FA**_____	8	**DU**_____	9	**AB**_____
10	**AN**_____	11	**BE**_____	12	**ME**_____

Zusatzaufgaben:
1. Ordne die Wörter nach dem Abc: A B C D E F G H I J K L M N O P Q R S T U V W X Y Z
2. Bilde mit mehreren Lösungswörtern einen Nonsens-Satz. Schreibe ihn auf.

Bernd Wehren: Rätselhafte Wörter-Suchsel · Best.Nr. 837
© Brigg Pädagogik Verlag GmbH, Augsburg

N	N	S	X	N	N	Y	S	T	Q	N	E	N	S	N
E	E	N	I	E	E	G	W	W	R	B	R	L	L	L
P	K	R	N	N	B	G	U	K	E	G	M	E	Z	U
H	N	I	E	C	N	H	Ä	S	L	O	E	B	T	Z
N	E	G	H	I	U	I	I	W	G	V	S	Ü	K	H
M	D	M	G	D	S	N	E	F	B	N	S	R	P	N
Q	H	W	F	F	N	A	I	R	E	A	E	G	Z	S
I	C	B	Q	E	J	Q	T	K	E	V	N	R	I	T
Q	R	B	N	H	C	K	N	N	R	N	Z	O	L	K
J	U	U	Z	L	P	E	L	A	A	H	N	E	N	O
S	D	Y	J	E	D	B	I	Z	F	F	O	K	P	J
P	B	K	Q	H	T	A	K	C	I	T	P	L	Y	I
J	X	S	C	Ü	B	E	R	L	E	G	E	N	S	I
Q	U	A	X	X	N	E	M	H	E	N	N	A	X	F
G	N	D	S	S	G	W	M	W	R	G	U	T	W	J

Die 12 Lösungswörter nach dem Abc geordnet:

1	ABWÄGEN	2	AHNEN	3	ANNEHMEN
4	BESINNEN	5	DURCHDENKEN	6	ERMESSEN
7	FANTASIEREN	8	GRÜBELN	9	MEINEN
10	NACHDENKEN	11	SINNIEREN	12	ÜBERLEGEN

Bernd Wehren: Rätselhafte Wörter-Suchsel · Best.Nr. 837
© Brigg Pädagogik Verlag GmbH, Augsburg

1. Kreise die 12 „böse-gut-Wörter" mit Bleistift ein. 2. Schreibe sie auf.

H	N	E	I	H	T	D	T	M	O	A	H	F	G	R
H	I	M	G	L	C	W	W	H	J	G	C	I	A	R
J	B	N	P	Ü	J	I	J	Z	E	K	I	E	K	V
B	Z	N	T	K	T	Y	L	H	R	N	L	S	I	L
N	F	M	I	E	C	I	Ä	F	Y	A	R	J	J	E
U	R	G	P	G	R	S	G	K	Ö	V	H	Q	B	O
B	E	I	L	Z	S	L	L	W	G	H	E	N	E	V
K	U	O	E	I	Z	Q	I	V	P	G	M	T	R	C
B	N	Q	G	X	Q	Q	K	S	G	X	F	J	V	O
Q	D	G	E	M	E	I	N	J	T	A	K	N	X	H
N	L	H	C	I	L	Z	R	E	H	I	E	U	K	C
M	I	C	N	F	B	T	O	S	E	T	G	Z	S	O
Q	C	S	T	C	E	O	O	Y	T	U	U	C	N	P
A	H	W	B	R	X	B	D	S	L	T	F	T	U	N
R	M	Q	C	A	I	O	D	S	C	A	X	F	N	L

1	**FI**_____	2	**GE**_____	3	**EH**_____
4	**HI**_____	5	**NE**_____	6	**HE**_____
7	**FR**_____	8	**GÜ**_____	9	**HÖ**_____
10	**LI**_____	11	**GE**_____	12	**BO**_____

Zusatzaufgaben:
1. Ordne die Wörter nach dem Abc: A B C D E F G H I J K L M N O P Q R S T U V W X Y Z
2. Bilde mit mehreren Lösungswörtern einen Nonsens-Satz. Schreibe ihn auf.

Bernd Wehren: Rätselhafte Wörter-Suchsel · Best.Nr. 837
© Brigg Pädagogik Verlag GmbH, Augsburg

```
H N E I H T D T M O A H F G R
H I M G L C W W H J G C I A R
J B N P Ü J I J Z E K I E K V
B Z N T K T Y L H R N L S I L
N F M I E C I Ä F Y A R J J E
U R G P G R S G K Ö V H Q B O
B E I L Z S L L W G H E N E V
K U O E I Z Q I V P G M T R C
B N Q G X Q Q K S G X F J V O
Q D G E M E I N J T A K N X H
N L H C I L Z R E H I E U K C
M I C N F B T O S E T G Z S O
Q C S T C E O O Y T U U C N P
A H W B R X B D S L T F T U N
R M Q C A I O D S C A X F N L
```

Die 12 Lösungswörter nach dem Abc geordnet:

1 BOSHAFT	2 EHRLICH	3 FIES
4 FREUNDLICH	5 GEHÄSSIG	6 GEMEIN
7 GÜTIG	8 HERZLICH	9 HINTERLISTIG
10 HÖFLICH	11 LIEB	12 NETT

Bernd Wehren: Rätselhafte Wörter-Suchsel · Best.Nr. 837
© Brigg Pädagogik Verlag GmbH, Augsburg

1. Kreise die 12 „dumm-schlau-Wörter" mit Bleistift ein. 2. Schreibe sie auf.

G	G	R	G	D	A	E	V	M	Y	R	R	D	H	B
S	I	V	A	A	S	D	A	K	A	E	B	U	C	D
W	B	F	X	F	T	H	C	I	R	Ö	T	S	I	O
T	P	U	F	K	F	I	S	I	D	Z	G	S	L	O
P	W	H	L	I	U	I	I	O	I	K	U	E	M	F
Y	C	U	I	L	F	W	N	U	E	G	Q	L	Ä	N
O	G	U	B	S	W	P	R	I	E	O	Z	I	D	W
C	L	E	V	E	R	Q	A	S	E	V	T	G	U	U
A	U	F	G	E	W	E	C	K	T	R	B	K	Y	M
V	T	D	N	C	B	H	Y	B	A	Z	T	L	M	B
N	G	Q	X	F	E	N	X	G	B	Q	H	Y	Ö	B
X	L	Q	Z	I	S	S	Z	V	T	A	G	S	N	D
Z	O	W	T	E	C	I	O	H	S	G	M	I	M	O
L	J	E	K	J	F	T	K	F	Q	Z	G	G	W	K
D	R	T	N	E	G	I	L	L	E	T	N	I	V	Z

1 IN_____   2 CL_____   3 TÖ_____

4 DÄ_____   5 PF_____   6 KL_____

7 BL_____   8 DU_____   9 DO_____

10 AU_____   11 GE_____   12 RA_____

Zusatzaufgaben:
1. Ordne die Wörter nach dem Abc: A B C D E F G H I J K L M N O P Q R S T U V W X Y Z
2. Bilde mit mehreren Lösungswörtern einen Nonsens-Satz. Schreibe ihn auf.

Bernd Wehren: Rätselhafte Wörter-Suchsel · Best.Nr. 837
© Brigg Pädagogik Verlag GmbH, Augsburg

G	G	R	G	D	A	E	V	M	Y	R	R	D	H	B
S	I	V	A	A	S	D	A	K	A	E	B	U	C	D
W	B	F	X	F	T	H	C	I	R	Ö	T	S	I	O
T	P	U	F	K	F	I	S	I	D	Z	G	S	L	O
P	W	H	L	I	U	I	I	O	I	K	U	E	M	F
Y	C	U	I	L	F	W	N	U	E	G	Q	L	Ä	N
O	G	U	B	S	W	P	R	I	E	O	Z	I	D	W
C	L	E	V	E	R	Q	A	S	E	V	T	G	U	U
A	U	F	G	E	W	E	C	K	T	R	B	K	Y	M
V	T	D	N	C	B	H	Y	B	A	Z	T	L	M	B
N	G	Q	X	F	E	N	X	G	B	Q	H	Y	Ö	B
X	L	Q	Z	I	S	S	Z	V	T	A	G	S	N	D
Z	O	W	T	E	C	I	O	H	S	G	M	I	M	O
L	J	E	K	J	F	T	K	F	Q	Z	G	G	W	K
D	R	T	N	E	G	I	L	L	E	T	N	I	V	Z

Die 12 Lösungswörter nach dem Abc geordnet:

1	AUFGEWECKT	2	BLÖD	3	CLEVER
4	DÄMLICH	5	DOOF	6	DUSSELIG
7	GESCHEIT	8	INTELLIGENT	9	KLUG
10	PFIFFIG	11	RAFFINIERT	12	TÖRICHT

Bernd Wehren: Rätselhafte Wörter-Suchsel · Best.Nr. 837
© Brigg Pädagogik Verlag GmbH, Augsburg

1. Kreise die 12 „groß-klein-Wörter" mit Bleistift ein. 2. Schreibe sie auf.

N	Z	Y	W	X	X	C	X	R	H	G	R	U	X	Z
R	V	H	N	R	Q	P	U	T	A	Y	R	R	I	Y
J	V	Y	E	V	W	I	N	Z	I	G	L	E	O	A
G	I	G	A	N	T	I	S	C	H	N	R	G	G	Y
H	Q	S	M	U	C	F	G	U	I	L	V	D	V	E
I	Ü	X	C	D	P	I	F	E	I	A	R	N	W	Z
G	F	N	V	H	S	M	L	C	T	I	V	Y	G	H
Q	I	T	E	E	M	K	H	G	P	I	R	I	Z	Y
P	O	T	I	N	E	A	M	E	G	L	K	L	K	C
M	H	R	H	Z	H	M	L	W	I	Z	K	Q	X	B
O	L	Z	T	C	I	A	G	A	R	T	U	B	K	K
R	M	I	W	G	Ä	K	F	L	K	M	R	I	O	X
B	L	P	A	B	L	M	O	T	C	H	Z	X	C	C
K	D	I	I	G	R	W	I	I	I	R	G	R	I	K
H	C	O	H	M	R	U	T	G	M	D	C	K	T	S

1 **KU**_____   2 **GE**_____   3 **HÜ**_____

4 **GI**_____   5 **MI**_____   6 **TU**_____

7 **KL**_____   8 **WI**_____   9 **ZI**_____

10 **MÄ**_____   11 **RI**_____   12 **SC**_____

Zusatzaufgaben:

1. Ordne die Wörter nach dem Abc: A B C D E F G H I J K L M N O P Q R S T U V W X Y Z

2. Bilde mit mehreren Lösungswörtern einen Nonsens-Satz. Schreibe ihn auf.

Bernd Wehren: Rätselhafte Wörter-Suchsel · Best.Nr. 837
© Brigg Pädagogik Verlag GmbH, Augsburg

N	Z	Y	W	X	X	C	X	R	H	G	R	U	X	Z
R	V	H	N	R	Q	P	U	T	A	Y	R	R	I	Y
J	V	Y	E	V	W	I	N	Z	I	G	L	E	O	A
G	I	G	A	N	T	I	S	C	H	N	R	G	G	Y
H	Q	S	M	U	C	F	G	U	I	L	V	D	V	E
I	Ü	X	C	D	P	I	F	E	I	A	R	N	W	Z
G	F	N	V	H	S	M	L	C	T	I	V	Y	G	H
Q	I	T	E	E	M	K	H	G	P	I	R	I	Z	Y
P	O	T	I	N	E	A	M	E	G	L	K	L	K	C
M	H	R	H	Z	H	M	L	W	I	Z	K	Q	X	B
O	L	Z	T	C	I	A	G	A	R	T	U	B	K	K
R	M	I	W	G	Ä	K	F	L	K	M	R	I	O	X
B	L	P	A	B	L	M	O	T	C	H	Z	X	C	C
K	D	I	I	G	R	W	I	I	I	R	G	R	I	K
H	C	O	H	M	R	U	T	G	M	D	C	K	T	S

Die 12 Lösungswörter nach dem Abc geordnet:

1	GEWALTIG	2	GIGANTISCH	3	HÜNENHAFT
4	KLITZEKLEIN	5	KURZ	6	MÄCHTIG
7	MICKRIG	8	RIESIG	9	SCHMAL
10	TURMHOCH	11	WINZIG	12	ZIERLICH

Bernd Wehren: Rätselhafte Wörter-Suchsel · Best.Nr. 837
© Brigg Pädagogik Verlag GmbH, Augsburg

1. Kreise die 12 „ängstlich-mutig-Wörter" mit Bleistift ein. 2. Schreibe sie auf.

T	R	O	G	M	Q	K	N	J	A	N	K	U	T	W
L	F	A	D	G	C	X	E	J	R	L	N	R	F	A
Y	B	B	I	M	Y	F	Y	E	Q	E	W	E	A	G
L	I	T	C	I	K	N	T	V	R	C	J	F	H	E
N	E	S	S	O	L	H	C	S	T	N	E	P	K	M
F	D	X	K	Z	C	S	C	G	M	N	Z	A	C	U
Y	U	I	T	Ü	I	H	C	K	A	C	Y	T	E	T
O	J	R	H	H	R	G	I	N	H	A	Q	N	R	I
W	C	C	C	O	Z	Ö	G	E	R	L	I	C	H	G
K	S	N	C	H	N	S	A	M	A	J	R	D	C	M
J	A	K	J	H	T	G	I	R	T	T	I	Z	S	A
Z	E	Q	Ü	V	H	L	B	A	N	G	D	B	E	T
N	V	K	O	B	D	A	O	W	X	A	K	R	R	P
O	E	L	V	L	I	B	Q	S	W	R	F	T	Z	F
L	L	D	Y	E	I	F	O	X	P	G	F	E	M	X

1 **ZÖ**_____ 2 **KÜ**_____ 3 **TA**_____

4 **AN**_____ 5 **BA**_____ 6 **ZI**_____

7 **SC**_____ 8 **UN**_____ 9 **EN**_____

10 **WA**_____ 11 **FU**_____ 12 **SC**_____

Zusatzaufgaben:
1. Ordne die Wörter nach dem Abc: A B C D E F G H I J K L M N O P Q R S T U V W X Y Z
2. Bilde mit mehreren Lösungswörtern einen Nonsens-Satz. Schreibe ihn auf.

Bernd Wehren: Rätselhafte Wörter-Suchsel · Best.Nr. 837
© Brigg Pädagogik Verlag GmbH, Augsburg

```
T   R   O   G   M   Q   K   N   J   A   N   K   U   T   W
L   F   A   D   G   C   X   E   J   R   L   N   R   F   A
Y   B   B   I   M   Y   F   Y   E   Q   E   W   E   A   G
L   I   T   C   I   K   N   T   V   R   C   J   F   H   E
N   E   S   S   O   L   H   C   S   T   N   E   P   K   M
F   D   X   K   Z   C   S   C   G   M   N   Z   A   C   U
Y   U   I   T   Ü   I   H   C   K   A   C   Y   T   E   T
O   J   R   H   H   R   G   I   N   H   A   Q   N   R   I
W   C   C   C   O   Z   Ö   G   E   R   L   I   C   H   G
K   S   N   C   H   N   S   A   M   A   J   R   D   C   M
J   A   K   J   H   T   G   I   R   T   T   I   Z   S   A
Z   E   Q   Ü   V   H   L   B   A   N   G   D   B   E   T
N   V   K   O   B   D   A   O   W   X   A   K   R   R   P
O   E   L   V   L   I   B   Q   S   W   R   F   T   Z   F
L   L   D   Y   E   I   F   O   X   P   G   F   E   M   X
```

Die 12 Lösungswörter nach dem Abc geordnet:

1 ANGSTVOLL	2 BANG	3 ENTSCHLOSSEN
4 FURCHTLOS	5 KÜHN	6 SCHRECKHAFT
7 SCHÜCHTERN	8 TAPFER	9 UNERSCHROCKEN
10 WAGEMUTIG	11 ZITTRIG	12 ZÖGERLICH

Bernd Wehren: Rätselhafte Wörter-Suchsel · Best.Nr. 837
© Brigg Pädagogik Verlag GmbH, Augsburg

1. Kreise die 12 „langsam-schnell-Wörter" mit Bleistift ein. 2. Schreibe sie auf.

```
V  A  T  T  S  S  G  U  E  W  L  F  S  L  Z
D  N  I  W  H  C  S  E  G  A  I  K  C  A  G
W  Y  P  G  P  T  N  Z  L  X  N  K  H  H  K
R  K  Z  P  E  Q  N  L  E  I  B  L  L  M  Y
Q  L  E  J  U  M  M  A  L  Y  X  U  E  X  Q
W  V  G  N  X  Ä  Ä  F  S  I  H  Z  P  T  B
K  X  E  Q  H  I  B  C  Z  A  L  G  P  T  P
U  C  O  L  H  Z  T  Y  H  G  R  F  E  O  F
K  J  I  L  Z  V  G  S  T  L  J  I  N  L  O
S  C  H  W  E  R  F  Ä  L  L  I  G  D  F  D
H  E  I  L  I  G  R  P  B  M  N  C  L  P  S
L  U  O  F  X  V  G  A  A  E  F  T  H  O  P
D  T  T  Y  P  C  P  U  S  E  F  X  G  X  C
J  W  I  C  S  Y  Z  S  I  C  W  A  P  B  V
A  Z  Z  X  G  E  B  C  Y  L  H  F  W  C  B
```

1	**FI**_____	2	**RA**_____	3	**AL**_____
4	**LA**_____	5	**GE**_____	6	**FL**_____
7	**RA**_____	8	**SC**_____	9	**GE**_____
10	**FL**_____	11	**SC**_____	12	**EI**_____

Zusatzaufgaben:
1. Ordne die Wörter nach dem Abc: A B C D E F G H I J K L M N O P Q R S T U V W X Y Z
2. Bilde mit mehreren Lösungswörtern einen Nonsens-Satz. Schreibe ihn auf.

Bernd Wehren: Rätselhafte Wörter-Suchsel · Best.Nr. 837
© Brigg Pädagogik Verlag GmbH, Augsburg

```
V  A  T  T  S  S  G  U  E  W  L  F  S  L  Z
D  N  I  W  H  C  S  E  G  A  I  K  C  A  G
W  Y  P  G  P  T  N  Z  L  X  N  K  H  H  K
R  K  Z  P  E  Q  N  L  E  I  B  L  L  M  Y
Q  L  E  J  U  M  M  A  L  Y  X  U  E  X  Q
W  V  G  N  X  Ä  Ä  F  S  I  H  Z  P  T  B
K  X  E  Q  H  I  B  C  Z  A  L  G  P  T  P
U  C  O  L  H  Z  T  Y  H  G  R  F  E  O  F
K  J  I  L  Z  V  G  S  T  L  J  I  N  L  O
S  C  H  W  E  R  F  Ä  L  L  I  G  D  F  D
H  E  I  L  I  G  R  P  B  M  N  C  L  P  S
L  U  O  F  X  V  G  A  A  E  F  T  H  O  P
D  T  T  Y  P  C  P  U  S  E  F  X  G  X  C
J  W  I  C  S  Y  Z  S  I  C  W  A  P  B  V
A  Z  Z  X  G  E  B  C  Y  L  H  F  W  C  B
```

Bernd Wehren: Rätselhafte Wörter-Suchsel · Best.Nr. 837
© Brigg Pädagogik Verlag GmbH, Augsburg

Die 12 Lösungswörter nach dem Abc geordnet:

1 ALLMÄHLICH

2 EILIG

3 FIX

4 FLINK

5 FLOTT

6 GEMÄCHLICH

7 GESCHWIND

8 LAHM

9 RASANT

10 RASCH

11 SCHLEPPEND

12 SCHWERFÄLLIG

1. Kreise die 12 „schön-hässlich-Wörter" mit Bleistift ein. 2. Schreibe sie auf.

U	N	A	N	S	E	H	N	L	I	C	H	V	W	E
M	A	H	B	E	X	H	A	T	S	Y	O	I	V	N
S	E	D	E	S	Ü	M	U	D	E	W	D	T	R	T
S	A	O	R	B	C	S	G	M	P	E	G	K	E	Z
K	D	R	S	S	T	H	B	H	R	Y	B	A	I	Ü
J	O	C	F	F	K	L	E	L	Y	H	P	R	Z	C
V	H	D	W	N	Z	N	I	U	E	V	K	T	E	K
G	I	L	E	K	E	C	Ö	J	L	N	O	T	N	E
Y	S	R	Y	E	H	H	P	H	T	I	D	A	D	N
H	C	I	L	S	S	Ä	R	G	C	I	C	E	D	D
E	N	T	S	T	E	L	L	T	F	S	V	H	N	X
M	E	C	S	J	S	C	A	Q	Q	N	D	T	C	D
S	W	Y	B	N	T	R	X	B	C	Y	F	L	B	U
A	T	J	L	W	D	M	L	A	K	O	K	N	I	C
O	R	D	F	N	D	A	Y	H	H	L	F	J	S	B

1	**HÜ**_____	2	**BI**_____	3	**AT**_____
4	**AB**_____	5	**WI**_____	6	**RE**_____
7	**EN**_____	8	**EK**_____	9	**EN**_____
10	**BL**_____	11	**GR**_____	12	**UN**_____

Zusatzaufgaben:
1. Ordne die Wörter nach dem Abc: A B C D E F G H I J K L M N O P Q R S T U V W X Y Z
2. Bilde mit mehreren Lösungswörtern einen Nonsens-Satz. Schreibe ihn auf.

Bernd Wehren: Rätselhafte Wörter-Suchsel · Best.Nr. 837
© Brigg Pädagogik Verlag GmbH, Augsburg

U	N	A	N	S	E	H	N	L	I	C	H	V	W	E
M	A	H	B	E	X	H	A	T	S	Y	O	I	V	N
S	E	D	E	S	Ü	M	U	D	E	W	D	T	R	T
S	A	O	R	B	C	S	G	M	P	E	G	K	E	Z
K	D	R	S	S	T	H	B	H	R	Y	B	A	I	Ü
J	O	C	F	F	K	L	E	L	Y	H	P	R	Z	C
V	H	D	W	N	Z	N	I	U	E	V	K	T	E	K
G	I	L	E	K	E	C	Ö	J	L	N	O	T	N	E
Y	S	R	Y	E	H	H	P	H	T	I	D	A	D	N
H	C	I	L	S	S	Ä	R	G	C	I	C	E	D	D
E	N	T	S	T	E	L	L	T	F	S	V	H	N	X
M	E	C	S	J	S	C	A	Q	Q	N	D	T	C	D
S	W	Y	B	N	T	R	X	B	C	Y	F	L	B	U
A	T	J	L	W	D	M	L	A	K	O	K	N	I	C
O	R	D	F	N	D	A	Y	H	H	L	F	J	S	B

Die 12 Lösungswörter nach dem Abc geordnet:

1 ABSCHEULICH

2 ATTRAKTIV

3 BILDSCHÖN

4 BLENDEND

5 EKELIG

6 ENTSTELLT

7 ENTZÜCKEND

8 GRÄSSLICH

9 HÜBSCH

10 REIZEND

11 UNANSEHNLICH

12 WIDERLICH

Bernd Wehren: Rätselhafte Wörter-Suchsel · Best.Nr. 837
© Brigg Pädagogik Verlag GmbH, Augsburg

1. Du brauchst zwei Kopien dieses Arbeitsblattes.

2. Suche dir z. B. zwölf Wörter aus.

3. Schreibe sie in das Gitterfeld – und zwar in jedes Kästchen einen Buchstaben.

4. Nimm das zweite Arbeitsblatt und übertrage die Wörter in das Gitterfeld.

5. Fülle die restlichen leeren Felder mit Buchstaben.

6. Das erste Arbeitsblatt ist das Lösungsblatt und das zweite ist das Wörter-Suchsel.

1 _____ 2 _____ 3 _____

4 _____ 5 _____ 6 _____

7 _____ 8 _____ 9 _____

10 _____ 11 _____ 12 _____

Zusatzaufgaben:

1. Ordne die Wörter nach dem Abc: A B C D E F G H I J K L M N O P Q R S T U V W X Y Z

2. Bilde mit mehreren Lösungswörtern einen Nonsens-Satz. Schreibe ihn auf.

Bernd Wehren: Rätselhafte Wörter-Suchsel · Best.Nr. 837
© Brigg Pädagogik Verlag GmbH, Augsburg